PROPOS 4

Editions des 3 Monts

du même auteur, aux éditions des 3 monts

déjà parus

LE LIVRE DES PÈRES
Paris 1992

À L'ÉCOUTE DES MAÎTRES
Paris 1994

SHAMBHALA, terre de louanges
Paris 1994

LA VOIE PARFAITE
Paris 1995

dans la collection de poche : **DE CŒUR ET D'ÂME**

parus	volume 1	Messages	Paris 1995
	volume 2	Conférences	Paris 1995
	volume 3	Entretiens	Paris 1995
à paraître	volume 5	Voyages	
	volume 6	Messages	

en préparation

CE QUE LA MORT M'A CONFIÉ
Des personnalités disparues racontent leur « passage »

en cours de réédition

LORSQUE LE SOUVENIR ENSEIGNE

*

réalisation de couverture

Ghilly Graphic (Paris)

---

les éditions des 3 monts - 7, rue Pierre Haret - 75009 PARIS
ISBN : 2-909735-07-9

COLLECTION
De Cœur et d'Âme

CONFÉRENCES

J. Claude Genel

PROPOS 4

Editions des 3 Monts

La série « CONFÉRENCES » est destinée à porter à la connaissance du grand public les richesses que recèlent les innombrables heures pendant lesquelles Jean-Claude GENEL a parlé au nom de la vie, de l'amour et du Christ. C'est l'inspiration pure et simple qui le guide. Depuis toujours il est en relation constante avec les plans supérieurs, les Êtres de lumière. Il met ses qualités de cœur et son intelligence à leur disposition.

Les temps sont là, pressants, et nous savons que l'humanité doit entreprendre et accélérer une prise de conscience générale. Mais comment faire lorsque les hommes sont tellement pris par eux-mêmes, ignorants, de peu de foi, aveugles et sourds ? Comment faire pour « faire passer le message » lorsqu'ils ne voient pas, n'entendent pas davantage et ignorent même jusqu'à l'existence d'une vie plus profonde ?

Les textes présentés ici sont la transcription fidèle d'un enseignement purement oral. Le lecteur sera sensible à la fraîcheur et la simplicité de ce langage parlé qui rend l'auteur si proche de nous. Nous avons dû parfois éliminer quelques redites inutiles et opérer quelques réajustements stylistiques inévitables lorsqu'un texte imprimé vise à garder intact la parole vivante et authentique. Il s'agit là d'altérations minimes qui ne dénaturent aucunement la substance et laissent à chacun la liberté de réintégrer la connaissance du cœur.

COMPRENDRE SON INCARNATION

AU PLUS PROFOND DE SOI-MÊME

– I –

Il est très important de comprendre l'incarnation. Cela implique la nécessité de chercher sa vérité intérieure, différente pour chacun, mais qui conduit au même but. Nous ne devons jamais oublier que nous avons choisi notre incarnation, les épreuves que nous traversons, nos parents, notre milieu familial. Nous avons choisi notre sexe, notre race, notre pays, notre religion. Tout cela est important et nous permet d'évoluer.

En passant par soi, on comprend justement l'autre : on atteint ainsi l'amour, le respect, la tolérance, tout ce qu'il est souhaitable de vivre, bien que ce soit difficile. C'est le premier des enseignements de l'incarnation.

Peut-être, dans une vie antérieure, avons-nous été de religion musulmane, ou bien juive et maintenant appartenons-nous à une religion différente ? Pourtant nous aimons toujours le même Dieu. Or voyez

ce qui se passe actuellement, quelle aberration ! Quelle ignorance !
Nous sommes des êtres sincères et les Maîtres attendent de notre part de plus en plus d'efforts de compréhension pour que nous soyons en mesure de montrer l'exemple.
Quand on est sur un chemin, il faut davantage raisonner, penser, réfléchir, aller au plus profond de soi et aussi tenir compte de la réincarnation, laquelle est une évidence. Dans les années à venir cette loi sera de plus en plus étudiée, acceptée, ce qui nous apportera bien des compréhensions. Et nous, nous sommes les pionniers de cela.

On croit que Jésus a existé, mais avons-nous seulement vécu à son époque ? Peut-être que oui ? Du moins on ne s'en souvient généralement pas et pourtant nous sommes venus au monde en croyant à l'existence de Jésus et nous ne nous sommes pas posés de questions. Alors, comment peut-on avoir ainsi cette certitude ? Simplement parce que notre âme le sait. Elle est le témoin de tous les plans supérieurs, elle sait que la force christique mise en valeur et offerte par Jésus existe sur tous les plans. Alors plus

que jamais nous devons nous tourner vers la foi et écouter ce que nous ressentons.
De la même manière, la réincarnation n'est pas seulement une explication, c'est une loi, c'est une vérité dont il faut tenir compte plus que jamais. Et si nous réussissons à élever nos enfants dans cette foi et ce respect qu'engendre la réincarnation, nous pouvons penser que plus tard, des événements graves comme ceux de Carpentras* n'auront plus jamais lieu. Nous sommes unis pour construire un monde meilleur et pour que n'existe plus jamais d'aussi grave ignorance. Peu importe si derrière de tels actes odieux et intolérables se cachent des manœuvres politiques ! L'acte en lui-même est gravissime. Où est la fraternité ?
Dernièrement, deux images télévisées ont particulièrement retenu mon attention. La première, deux hommes juifs se donnent la main (gros plan sur ces mains jointes) et nous disent ensemble : « Aimez-nous ». Vous imaginez ? « Aimez-nous », cela m'a vraiment bouleversé. La deuxième, une petite fille de huit ou neuf ans, interrogée sur ces récents événements dit : « On a tous un Dieu différent. C'est le même, mais on lui donne plusieurs noms. » La personne

* La profanation d'un cimetière juif.

qui l'interrogeait lui dit : « Alors nous n'avons qu'un seul Dieu ? » Elle répond : « On peut manger un pot de yaourt avec une grande ou une petite cuillère, mais il n'empêche que c'est du yaourt. » Cette enfant a tout compris avec son cœur. Ses parents ont peut-être été en mesure de lui parler et de lui expliquer et c'est formidable. Partout dans le monde des êtres honorent Jésus, en parlent, le prient. Les responsables de ces actes abjects prient peut-être Jésus eux aussi. Peut-être ont-ils même demandé sa protection pour pouvoir accomplir ces actes indignes. Or, notre ami Jésus, l'ami de tous, n'était-il pas juif ?
Je sais bien que vous ne pourriez pas être les auteurs de tels actes. Mais je crois que les Maîtres comptent sur nous pour oser en parler, pour témoigner de notre cheminement sur la voie cardiaque : ce chemin d'amour et de sagesse. Les événements actuels et ceux à venir vont nous permettre des prises de conscience. Il est d'ailleurs triste qu'il faille de telles horreurs pour nous toucher, nous pousser à nous élever pour dire : « Non ! » Mais dans toute mauvaise action, dans toute difficulté, dans tous les événements en apparence totalement négatifs, il y a toujours en même temps un aspect positif, c'est la loi du karma. Nous avons été « mobilisés », nous

avons été obligés de réfléchir et je voulais vous en parler ce soir et vous donner mon point de vue.
Il ne faut pas être triste car les morts, quelle que soit leur religion se moquent éperdument d'être déterrés ou que leurs tombes soient profanées. On ne leur fait pas de mal, mais on se fait du mal. Là aussi se trouve l'enseignement.
Nous devons toujours aller de l'avant, marcher précisément vers cet « ami juif » qui nous a donné tout son amour. Il n'y a alors plus de religion, ni de race, car seul demeure l'état d'amour. Et peu importe que certains aient les cheveux noirs, bruns, dorés, que d'autres portent ou non la barbe ; nous sommes tous des êtres humains dont le cœur cherche à battre au rythme de cette vaste connaissance, de cet immense cœur qui est là autour de nous et dans lequel nous sommes. Il est important de comprendre tout cela.
Alors ce soir, comme lors de chaque conférence, prions dans le secret de notre cœur, ensemble, en harmonie, dans le respect.

Ce mois de mai est difficile à vivre pour toutes sortes de raisons, le mois de juin le sera un peu moins. Il est vrai qu'actuellement les astres véhiculent une énergie plus forte qui, un temps, peut davantage déstabiliser le monde. Puis, dès la fin de 1990, quelque chose aura lieu, une sorte d'équilibre. En effet, à ce moment-là nous devrons prendre un tournant pour suivre une voie, un chemin tracé. Des événements auront pour conséquence l'ouverture de portes pour chacun. Nous devrons alors nous comporter selon notre vérité et notre compréhension. Ceci est très important, il faut vraiment en tenir compte ; nous ne sommes pas abandonnés voyez-vous, c'est un tout et nous sommes dans ce tout.

En ce moment beaucoup ont très peur des extra-terrestres et il souffle anormalement un vent de crainte. Bien sûr ils existent, mais la peur est ainsi traduite : « Ils vont nous envahir. Nous allons devenir leurs esclaves parce que nous sommes peu développés et très ignorants. Ils vont prendre le contrôle de la terre. » Réfléchissez sérieusement ! Croyez-vous réellement qu'ils veuillent investir notre pauvre terre si malade ? À propos des extra-terrestres, je dirais qu'il existe des intelligences supérieures et que nous ne pouvons pas prétendre être les seuls en vie dans toutes ces galaxies. Nous faisons partie d'un tout que Dieu a créé selon une belle organisation. Si nous agissons vraiment très mal

et qu'un danger existe pour la planète, ces extra-terrestres seront alors attirés. En effet, ils viennent plutôt nous surveiller afin de nous empêcher de faire des erreurs qui risquent de déranger totalement leur monde.
Je suis persuadé que nous sommes très aidés. Mais la grande aide dont nous pouvons bénéficier à tout moment est cette force d'amour qui nous emplit, chacun, d'une façon ou d'une autre. L'amour est un excellent bouclier. Quand je dis amour, je ne veux pas parler des sentiments qui, souvent vécus avec exagération et agitation troublent l'incarnation et nous entraînent à être très faibles et à commettre des erreurs.
En parlant d'amour, je fais référence à cet état que l'on ressent tôt ou tard. Vous est-il arrivé de ressentir comme un bien-être, comme une nouvelle compréhension en pensant à des choses qui ordinairement vous auraient fait mal ou peur ? Il s'agit là de l'approche de l'amour, d'une prise de conscience. Cet amour-là est le plus grand des boucliers. Il nous permet d'avancer et de réaliser notre divinité qui est notre but.
Chaque incarnation nous conduit au but que nous nous sommes nous-mêmes fixé et qui fait partie de l'évolution, de l'initiation. Il est extrêmement important de ressentir cet état d'amour, d'être ainsi à

l'écoute et de nous recentrer. On est alors vraiment sur le chemin et l'on commence à ressentir et à voir les autres différemment. A travers cet état d'amour, on peut véritablement aimer les autres, il n'y a plus de jugement, il n'y a plus de critique. Le dialogue avec les autres est vrai.
Chacun de nous vit cela et c'est cela qu'il nous faut retrouver, épanouir. C'est cette force-là qui doit nous guider dans la vie, c'est une force divine. C'est aussi notre âme, donc le Divin.
Je vous le dis, il faut rester raisonnable et réfléchir, nous devons éviter de commettre des erreurs. Grâce à notre mental et notre intelligence, nous pourrons avancer selon notre compréhension et notre ressenti. Il faut abandonner cette volonté d'exister, de s'imposer ; elle correspond à un développement déguisé de l'orgueil. La vie n'est qu'une vaste illusion derrière laquelle se cache toute une vérité et celle-ci existe en nous. Il nous est demandé d'oser lâcher prise, d'abandonner cette lutte personnelle qui de toute façon est éphémère. Vraiment, il est grand temps de nous mettre à l'écoute de ce que nous ressentons, de notre être véritable, donc de nous abandonner au Divin. Notre âme prendra le relais. Nous réaliserons alors que ce que nous pensons est beaucoup plus profond et atteint immé-

diatement la vérité. Le mental dont nous avons besoin sera aussitôt structuré, nous saurons alors l'utiliser. Et puis nos gestes pourront devenir « rituels ». Les gestes nous aident à vivre. Mais nous gesticulons trop souvent, alors que si nous avions conscience de ce que nous vivons et de ce que nous sommes, nos gestes signifieraient quelque chose de profond et traduiraient une vérité. Nous devons manifester ce que nous sommes. Tout cela, c'est le chemin.

Nous avons la chance aussi de plus en plus de savoir que les Maîtres nous aident. On en parle maintenant dans de nombreuses conférences. Ils se manifestent et c'est merveilleux ! Cela veut dire qu'ils nous font confiance et nous pouvons leur faire confiance. Et nous devons travailler ensemble, car défendre une cause juste, prier, agir avec d'autres, c'est travailler, c'est œuvrer pour le Père, pour nous, pour nos enfants. Donc l'incarnation est extrêmement importante. De plus, elle donne à chacun l'occasion de faire un bilan permettant de voir où il en est : l'enseignement est-il compris ? Que manifeste-t-on ?

L'incarnation présente est un épisode qui succède à un autre, lequel nous prépare au prochain. Mais comme je le disais au début, nous sommes tous ensemble, nous rencontrons les mêmes difficultés auxquelles nous réagissons heureusement différemment et tôt ou tard nous avons les mêmes chocs au niveau du cœur.

Tout à l'heure je disais que toutes les religions conduisent au Père. Même si le désordre y règne, leur but est le même, il ne faut pas l'oublier. Grâce à notre cheminement et notre compréhension, nous avons conscience que la véritable religion est en fait celle de l'amour, du respect. L'amour engendre la tolérance.

Il faut parler de la tolérance mais je crains qu'en en parlant de façon exagérée, on ne se contente que de cela sans la vivre réellement. Or il faut être convaincu que l'on porte en soi la vérité et la clé de toutes nos difficultés ou de notre incompréhension.

Il n'y a pas de race, pas de religion, il n'y a que des êtres qui cherchent, qui se perdent, mais qui de toute façon reprendront le chemin tôt ou tard.

Je disais que les Maîtres nous aidaient. Nous qui avons conscience de leur présence, qui savons un peu, nous devons donc être disponibles et nous débarrasser de tous nos préjugés. Nous devons devenir chacun un canal selon nos possibilités, nos particularités, notre avancement, notre compréhension, mais en nous mettant à l'écoute de ce que nous sommes. Vous verrez alors que votre façon de penser changera et vous vous sentirez animés de quelque chose de fort, de pur. Et puis lorsque vous regarderez la vie, vous constaterez que les couleurs ont changé et lorsque vous écouterez, vous entendrez alors autre chose de bien plus beau. Vous pourrez participer à une remise en ordre. On passe une partie de sa vie à semer le désordre et l'autre partie à remettre tout en ordre. Vous rendez-vous compte ? On choisit tout cela avant de s'incarner !

Et puis quand on s'apprête à commettre des erreurs, il y a toujours un petit quelque chose qui gêne, mais que la plupart du temps on n'écoute pas. Ce petit pincement c'est la conscience, c'est l'âme qui, elle, sait ce qui a été choisi et qui veut nous prévenir.

Et la maladie, n'est-elle pas une autre sorte de dialogue ? Pourquoi y a-t-il autant de gens malades ? Nous sommes dans un désordre total. Nous devons donc absolument nous ressaisir, sans vouloir aller trop vite, mais en reprenant notre incarnation point par point : on passe trop de temps à accuser nos parents de tous nos maux. Peut-être ont-ils commis des erreurs ? Mais nous avons choisi nos parents. Nous devons aussi bien ressentir que nous avons choisi nos épreuves et donc forcément aussi leurs solutions. Il faut comprendre ce que l'on vit et essayer de raisonner justement, en essayant de ressentir. Ainsi on est en harmonie, on peut s'ajuster et remédier à nos erreurs.

L'incarnation est quand même quelque chose d'admirable, c'est un acte d'amour ; il nous est permis de nous incarner pour apprendre. La comparaison est un peu simple, mais regardez comme vous êtes fiers lorsque vous gagnez beaucoup d'argent et que vous pouvez faire faire des études à vos enfants. C'est un acte d'amour aussi, à un autre niveau bien sûr. Dans l'incarnation, il y a le même cheminement ; c'est comme si on nous envoyait à l'école pour nous fortifier, pour être aidés, pour comprendre, pour ressentir. Nous nous trouvons tous dans les mêmes conditions et il n'y en a pas un meilleur que l'autre, nous devons en être conscients. Il est merveilleux d'être ensemble et de savoir certaines choses, c'est plus facile. Mais ce n'est pas parce que les autres restent dans le silence qu'ils ne peuvent pas penser ou même ressentir ; et c'est peut-être en nous voyant vivre très justement, dans l'attitude qui convient, qu'ils auront la possibilité de s'éveiller ou d'oser question-

ner. Et nous aurons alors toujours une réponse, vraie, à donner.
Il est nécessaire de savoir aussi rester à sa place, sans désirer plus, ce serait une source d'erreurs. On est venu accomplir un certain programme, il ne faut pas vouloir faire plus que nos possibilités ne nous le permettent. Mais par contre, si l'on réussit très justement le programme fixé, c'est unc force qui nous permet d'aller plus loin et d'agir davantage pour les autres. Sinon, il ne faut pas se mentir : nous ne nous préoccupons que de nous. Apprendre encore et toujours, quand cela finira-t-il ? On est obligé de recommencer à chaque incarnation puisque tout est éphémère. Après la mort on retourne à la terre et tout part avec nous. Et pourtant, croyez-vous que nous ayons compris ? Pas du tout puisque nous recommençons !

L'enseignement s'appuie sur le cœur, sur les réactions. Bien sûr nous avons pour base la moralité mais celle-ci est maintenant beaucoup plus profonde, elle a une autre signification, puisque nous allons vers autre chose. Avec tous ceux qui sont sur le chemin nous mettons en place l'ère du Verseau. Les Maîtres s'appuient sur nous et nous font confiance. C'est extrêmement important ! L'ère du Verseau s'instal-

lera de toute façon, même si nous ne faisons rien. Mais nous devons l'aider à prendre place pour que, tout de suite, des bases solides existent. On ne peut pas passer son temps à reconstruire continuellement. C'est une question de compréhension, d'acceptation, c'est prendre conscience de cette force d'amour.
L'ère du Verseau conduit à l'amour et nous, nous possédons déjà tout cela et nous savons. D'autres le vivent différemment, libre à eux. Mais nous formons un tout où chacun a sa place, a sa mission, importante au regard du Père, même si elle est toute petite. Le respect, c'est regarder le monde et voir que chacun est à sa place et ne pas y mettre le désordre.
Lorsqu'il s'est incarné en Jésus, le Christ nous a donné pourtant une clé. Et je suis témoin du fait que l'on répète sans arrêt cette clé, cette belle phrase. Mais je ne sais pas si nous la vivons vraiment. Bien sûr beaucoup d'entre vous cherchent à la vivre, cela est difficile. Cependant voilà déjà deux mille ans qu'on nous la répète : « Aimez-vous les uns les autres ». C'est la clé.
Jésus-le-Christ n'a pas dit aux juifs : « Aimez-vous les uns les autres – sous-entendu – entre vous juifs, mais pas les

autres ». Lorsqu'il a voyagé en Inde,* il n'a pas dit aux gens rencontrés : « Aimez-vous les uns les autres entre ceux de votre race ». « Aimez-vous les uns les autres » c'est vaste. Aimez ce que vous vivez, aimez ce que vous êtes. Aimez l'autre effectivement, parce qu'il a autant que vous et qu'il est autant que vous.

Il faut déjà avoir compris et vécu intérieurement cet enseignement en sentant qu'il s'agit de quelque chose de solide. Le mot amour qualifie un état qui renferme tous les sentiments élevés, c'est vraiment une énergie divine. Et tant que l'on n'aura pas compris cela, on attendra le futur messie. Il ne pourra se présenter au plus grand nombre, au monde, que lorsque nous serons vraiment sur ce chemin, quand nous aurons laissé derrière nous nos sentiments, notre amertume, notre incompréhension, notre intolérance, notre ignorance. Alors nous serons capables de le voir, de le reconnaître, de le ressentir. Nous sommes sur un chemin qui conduit à ce but.

Le futur messie Maïtreya n'est pas loin, il est même à notre porte. Seulement méfiez-vous : peut-être l'imaginez-vous d'une certaine manière ? Alors s'il frappe à votre

---

* Jean-Claude Genel a fait plusieurs lectures akashiques sur les séjours de Jésus en Inde.

porte et ne correspond pas à votre image, vous ne le reconnaîtrez jamais. Ainsi tout passe par le cœur et celui-ci ne peut pas se tromper. Le cœur n'a pas besoin d'images, il n'a besoin que d'amour. Soyez vigilants !
Mais il est vrai que le messie est en route et fait déjà entendre sa voix à quelques uns seulement. Mais peut-être serons-nous capables justement de l'entendre, si nous nous sommes préparés. C'est pour cela que l'incarnation est belle : elle est aussi tout cela et il ne s'agit donc pas uniquement de lutter dans les épreuves. L'âme sait que Jésus a bien existé et elle sait qu'elle a un rendez-vous. L'incarnation sert à mettre tout en place pour être à l'heure du rendez-vous avec le futur messie. Cela nous demande des efforts, il faut se préparer. L'incarnation c'est aussi cela et tout se tient. On ne s'incarne pas bêtement pour passer du bon temps ou subir des épreuves...
De l'autre côté, lorsque l'on est esprit, la compréhension est différente, on sait que Dieu existe. Or on s'incarne pour apprendre et de plus on en tire de l'orgueil. Vous rendez-vous compte ? On devrait être plus simple et même un peu honteux de devoir encore s'incarner pour apprendre.
Chaque incarnation est vraiment un acte merveilleux, initiatique. Malgré tout l'âme

se révèle à elle-même, elle s'impose dans sa force vibratoire, elle est.

Nous entendons souvent : « Bientôt la planète n'existera plus ». Ce n'est pas possible. Beaucoup trop encore ne savent pas comprendre ou traduire les écrits sacrés. Il nous est parlé de la fin d'un monde et non du monde et nous y sommes. Il serait trop facile de dire que ce qu'il se passe en ce moment est normal. Nous quittons l'ère des Poissons progressivement et nous entrons dans l'ère du Verseau. Il y a forcément des heurts. On n'est plus tout à fait tourné vers le passé et l'avenir n'est pas encore là. Que peut-on faire ? Eh bien, vivre l'instant présent, parce qu'il est riche d'enseignement, en essayant de comprendre ce qui se passe, en examinant la situation du point de vue spirituel et par rapport à soi en tant qu'âme incarnée. Nous sommes dans l'obligation de prendre conscience que nous sommes plus que ce que nous voulons bien montrer ou comprendre.
Le fait de nous trouver entre deux ères entraîne la situation suivante : nous n'osons pas encore quitter l'enseignement qui peut être un enseignement passé, nous n'osons pas affronter l'enseignement du futur, c'est-à-dire vivre l'instant. Or, l'ins-

tant enseigne et explique notre état d'évolution. C'est un grand examen de conscience que nous faisons maintenant. Et nous avons précisément la chance d'être actuellement incarnés.
La fête du Wesak a eu lieu dernièrement. Cette fête a été vraiment très importante. Elle a lieu tous les ans. J'espère d'ailleurs que l'an prochain, sa date correspondra avec celle d'une conférence et que je vous guiderai alors dans une visualisation.
Cette année il y a eu une très grande bénédiction. Et cette nuit-là, beaucoup d'êtres ont « choisi » de mourir. Ils ont donc été emmenés, bénis et c'est important car ces êtres ont beaucoup reçu, ils vont en prendre conscience sur leur plan dans les mois à venir. Et quand ils se réincarneront, ils offriront beaucoup. Vous rendez-vous compte ?
Le monde est en train de se rééquilibrer et la nature aussi. Ce qui explique les catastrophes naturelles. Une alchimie très importante s'opère à notre niveau, au sein de la nature et dans ce tout que nous formons. Ne craignez point, le monde ne va pas disparaître, mais nous devons nous tenir prêts pour construire ce nouveau monde, pour permettre la mise en place de nouvelles bases et d'un nouveau courant de pensée. Sachons voir derrière chaque

événement malheureux le positif qui nous échappe la plupart du temps.
Nous devons donc être forts et déterminés dans l'action qui consiste à comprendre, aimer et respecter quiconque, sans critique. En agissant ainsi, nous nous faisons du bien. Nous devrions vraiment prendre conscience que le Père que nous recherchons tant, que le Dieu que nous voulons honorer et vivre se trouve partout. Ne jamais oublier qu'Il est en nous et que nous ne devons pas Lui donner n'importe quel sens. Il faut que cela passe par nous, nous devons donc nous connaître.
Alors oui, nous pourrons épanouir intérieurement cette force divine qui nous entraînera ensuite vers quelque chose de plus important, de plus fort. Chaque incarnation est une étape qui nous achemine, lentement, vers une réalisation. On a toujours parlé de la paix mais plus particulièrement maintenant. Et l'ère du Verseau est précisément l'ère de la paix. Cette paix ne pourra prendre place que si nous veillons d'abord à la reconnaître, à la réveiller en nous-mêmes. Dans un premier temps nous devons travailler, étape après étape, la paix des sentiments, la paix du mental, la paix du corps. Il faut d'abord ressentir ce bien-être dans tout le corps. Alors se dégagera une paix plus profonde

que l'on ne reconnaîtra pas tout de suite alors qu'elle sera là. Être en paix, c'est surtout ne rien avoir à se reprocher dans la conscience de l'amour divin et savoir que tout a été accompli très justement. Alors même si aujourd'hui il n'y en a qu'un qui soit vraiment en paix, un jour il y en aura deux, trois puis beaucoup plus ; et il y aura tellement d'êtres en paix que le ciel ne pourra pas faire autrement que de nous accorder une paix totale, pour toute la terre. C'est notre but, mais nous devons y travailler et cela commence par chacun de nous. Sans relâche nous devons faire des efforts afin de bien savoir où l'on se sent bien et où l'on se sent mal. Être à l'écoute de ce qui se passe en nous, c'est ce qui nous guidera. Ce n'est pas l'autre qui nous indiquera la direction à prendre. Chacun de nous doit ressentir. Il est aussi extrêmement important de cesser de vouloir apprendre des choses inutiles et encombrantes susceptibles de donner puissance au mental. Sachez reconnaître ce qui est juste et bien pour vous et faites-en quelque chose, sans vous disperser, sans vous fatiguer, vous, les autres, puisque la vie constitue un tout. L'essentiel est en chacun. Parfois un support est nécessaire, mais pas plusieurs supports.

Quand Jean l'évangéliste répétait ce que je considère comme un mantra « Aimez-vous les uns les autres » il donnait une clé essentielle sans se perdre en bavardage. Il y a ainsi des vérités que l'on ne sait pas entendre.
J'ai davantage ressenti par l'âme et « rencontré » Jean l'évangéliste* à Patmos d'où je reviens ; il y a d'ailleurs écrit l'Apocalypse. Pourtant à mon arrivée je n'ai d'abord rien ressenti. J'ai donc prié le Maître de m'éclairer, ce qu'il fait toujours. Il m'a expliqué cette vérité selon laquelle il n'est pas possible de ressentir d'émotion à Patmos parce qu'il y règne une force vibratoire telle, qu'elle correspond à celle de l'âme. Donc un être vivant là-bas ne peut que se sentir bien, puisque tout se passe comme s'il entrait dans une âme... Comment dire ? Il se retrouve, il ne peut donc pas avoir d'émotion. Il est en harmonie avec cette vibration et doit donc être à l'écoute de son âme. Celle-ci ne fait pas de bruit et pour l'entendre, il faut être dans le silence. Or notre agitation est telle que nous ne l'entendons jamais. C'est ce que le Maître m'expliquait.
Si je n'avais pas eu cette possibilité d'interroger le Maître, je n'aurais pas compris

---

* *in* « Le livre des Pères » p. 191.

l'essentiel, je l'aurais traversé sans m'en rendre compte. De la même façon nous traversons l'existence en n'y voyant qu'épreuves et difficultés. Nous ne retenons que ce qui s'adresse à notre ego. Or trouver l'essentiel apporte beaucoup. Le raisonnement est plus juste. On peut davantage ressentir intérieurement. On est protégé ou plutôt on se protège soi-même. Enfin, on apporte beaucoup plus aux autres.

À Patmos tout cela est bien mis en évidence. Mais partout cela peut être ainsi. Or notre faiblesse nous incite à l'agitation, à participer à l'illusion.

À Patmos j'ai donc mieux ressenti l'âme de Jean. Alors je suis heureux de vous dire qu'il n'était pas du tout gâteux. J'ai eu de très beaux clichés de lui et j'ai vraiment bien entendu ce qu'il a enseigné, ce que nous cherchons à vivre maintenant. Là-bas, je me suis vu confirmer ce que je vous avais déjà dit, à savoir que l'homme dans son évolution est arrivé à l'état que Jean manifestait il y a deux mille ans. Nous sommes tous des « Jean » en puissance. L'enseignement de Jean est vraiment d'actualité et il peut bel et bien servir de support à certains. D'autres choisiront un autre support bien sûr.

L'enseignement de Jean passe particulièrement par le cœur. C'est vraiment un enseignement christique. Jésus-le-Christ lui a laissé un lourd fardeau, tout ce qu'il était, tout ce qu'il manifestait. Il lui a dit : « Par ton comportement véhicule cet état qui, par la suite, deviendra un enseignement et servira alors de courant de pensée, d'actions justes, pour aider l'humanité à sortir d'une impasse. » Eh bien nous y sommes ! L'enseignement de Jean nous conduit à une vérité profonde. Il faut actuellement lire ses écrits avec une autre conscience. Je dirais qu'il faut lire entre les lignes ; et il est nécessaire de retrouver les pages manquantes* car elles parlaient de notre vie future, de celle que nous vivons maintenant. L'enseignement de Jean est authentique. Ne dit-on pas de lui qu'il est le chef des initiés ? En ce sens, s'agit-il de dévoiler quelques principes ? Non, mais de vivre un état essentiellement mystique que nous sommes capables de comprendre, d'assimiler et de vivre tous les jours, chacun à notre niveau, un peu ou beaucoup. Les bases en sont essentiellement : le respect, l'amour, la confiance et la foi.

---

* Cf. Les lectures akashiques de la vie de Jésus et de Jean, *in* « Le livre des Pères ».

Jean était en paix parce qu'il vivait la foi. Il avait une foi totale en son Maître. Il était en paix. Pourtant à différentes époques de sa vie, il bouscula tout et put se montrer coléreux. On parle beaucoup de Jean comme d'un être très doux. On pourrait même penser qu'il est un incapable tant il paraît fragile et sensible. Oui, bien sûr, il manifestait parfois cela. Mais il avait aussi une grande force et pouvait montrer qu'il avait du caractère. Tout cela ne l'empêchait pas d'être en paix, puisqu'il connaissait sa vérité et qu'il vivait sa foi.
Voyez-vous, on passe beaucoup trop de temps à vouloir se contrôler et on passe alors à côté de l'essentiel. Évidemment si on est violent, il est préférable de se contrôler, mais parfois on cherche à être trop gentil, à penser comme tout le monde, c'est tellement plus rassurant. Or chacun possède sa propre forme de pensée qui correspond à sa vérité intérieure et il est juste et bien de la manifester. Il faut savoir doser sans pour autant imposer quoi que ce soit.
Tout s'apprend. Il y a des vertus qu'il faut respecter. Et ce sont toutes ces vertus qui permettent à l'être humain d'aller vers quelque chose de plus beau, vers la compréhension et la réalisation de son incarnation. On peut, au niveau de la personnalité

être parfois coléreux. L'essentiel est en soi. Il faut apprendre à discerner. Il ne faut pas perdre trop de temps à « s'améliorer ». Chaque être a une innocence totale et un amour profond ; son âme sait et connaît le Père, connaît l'enseignement. Il faut simplement travailler pour que ce que l'on pense, ce que l'on est, ce que l'on traduit dans la vie de tous les jours puisse dans un premier temps se rapprocher de ce que l'on ressent, pour enfin le véhiculer totalement, le traduire entièrement. C'est le seul but et cela veut dire « Aimez-vous les uns les autres ».

Alors oui, on va aimer, aimer l'autre, s'aimer soi-même et les autres feront comme nous, parce que nous aurons été un exemple. Voilà pourquoi l'incarnation est belle ; on a la possibilité d'accomplir tout cela, de le trouver, de le vivre. C'est merveilleux. On reçoit l'enseignement des autres et on transmet aux autres.

Voyez-vous on obéit sans même le savoir à une autre loi : recevoir, partager, donner.

Tout nous est prêté. Notre âme est force et vie, elle est l'essentiel, c'est-à-dire cette *essence du ciel*.

Dans les actions de tous les jours, nous devons nous souvenir qu'en nous quelque chose de merveilleux existe ; si on le désire réellement, il suffit de peu de chose pour le rayonner. Un geste, un sourire, une attitude, tout le monde peut le faire. C'est si peu... et cela peut représenter tellement pour d'autres.

Message d'un Maître

Sachez espérer parce que vous êtes la vie. Chacun de vous représente la force divine. Et cela est une responsabilité. Avez-vous pensé que le regard des autres se pose sur vous, que l'autre vous voit ? Mais que peut-il comprendre, que lui montrez-vous ? Cherchez l'harmonie. Elle est différente pour chacun, mais elle existe en tous. Vivez votre harmonie, soyez en accord avec vous-mêmes. Alors je puis vous dire que vos sentiments seront admirables et véhiculeront un enseignement parce que vous manifesterez la vérité. Vous serez vrais et le monde a besoin de vérité.
Bâtissez ! Ne cherchez pas à rénover, bâtissez ! Allez de l'avant, offrez ce que vous êtes, montrez-vous ! Le voile doit se déchirer. Vous êtes les enfants de l'ère du Verseau. Vous êtes les pionniers de l'amour et d'un état réel. Sachez prendre ce

qui vous est offert. Tout ce qui vous entoure est outil. Regardez autour de vous. Vivez le présent.
Le présent est riche d'enseignement, il vous élève, il vous permet de vous situer. Il vous apporte la force nécessaire pour aller de l'avant et oser exprimer ce que vous êtes vraiment.
Que tout se fasse en ordre parce quc vous en avez la volonté et qu'alors c'est respecter les desseins du Père. Ne bousculez rien, vous l'avez déjà fait dans d'autres incarnations. Vivez en ordre avec vous-mêmes et dans votre tête et dans votre vie et l'équilibre alors pourra se faire. Le monde se réajuste.
Vous êtes responsables de ce que vous êtes, de ce que vous vivez. Oui ! responsables de ce que vous accomplissez, en bien comme en mal, responsables de votre incarnation, responsables des autres.
Je vous le dis, le monde futur n'est pas éloigné. Tout s'accomplit maintenant et doucement. Et puis sachez et respectez cela : il vient celui que vous attendez, il vient.
Alors tenez-vous prêts, parce qu'il pourra s'appuyer sur des êtres de bonne volonté, sur des êtres vibrant d'amour, parce qu'il est amour.
Et puis vous êtes responsables de sa venue. Vous l'avez tant de fois appelé, nommé.

Soyez prêts à suivre son enseignement et à recevoir ses ordres. Alors oui, la paix sera dans tous les êtres et sur toute la surface de la terre.
Bâtissez pour les autres mais aussi pour vous-mêmes. Vous retrouverez ce que vous aurez laissé derrière vous. Croyez-le bien, car telle est la loi.
Aimez l'autre même s'il est différent. N'oubliez jamais qu'à ses yeux vous aussi, vous êtes différents. Tendez la main. Osez sourire à la vie. Dans les rues tant de visages tristes. Souriez ! La vie est une belle action, vous ne savez que pleurer, que vous lamenter. Que comprenez-vous de la vie ? Il ne faut pas vous en moquer, mais il faut comprendre, accepter, vivre en toute vérité, exprimer ce que vous êtes. Le monde changera alors.
Ne soyez plus prisonniers, prisonniers de vous-mêmes, de l'ignorance. N'acceptez pas d'être prisonniers. Vous voulez vivre la liberté ? Vous serez libres seulement quand vous serez heureux de vivre et que vous verrez votre incarnation dans son aspect mystique.
Vous serez libres lorsque vous verrez l'autre comme votre frère et non pas comme quelqu'un faisant partie d'une race. Vous serez libres quand vous serez capables

d'aimer en étant vraiment tout à ce sentiment profond, sans penser à rien d'autre.
Vous serez libres lorsque vous serez en paix avec vous-mêmes déjà, puis progressivement avec les autres.
Et n'oubliez pas que dans ce monde d'évolution tout va lentement. Mais cela ne veut pas dire que vous avez le temps de dormir. Éveillez-vous, allez vers ce monde futur !
Aimez-vous les uns les autres car il n'y a pas d'autre vérité. Mais aimez le cœur libre et l'âme en joie.

Mes enfants, je vous donne, je vous laisse ma paix. Qu'en cet instant elle puisse vous couvrir tel un manteau. Portez cela aux autres.

Paris, le 18 mai 1990

*

– II –

Les temps sont là et ne sont plus à venir. Nous commençons à travailler pour l'ère du Verseau et nous devrions vraiment être très heureux de vivre cette époque qui nous apporte beaucoup sur le plan mystique. Bien sûr le trouble et la confusion règnent et il nous faut faire beaucoup d'efforts pour tenter de comprendre.

Nous ne sommes pas incarnés uniquement pour nous débattre dans des difficultés mais réussir une incarnation ne signifie pas non plus posséder sa maison et un bon compte en banque, être entouré d'amis, porter de beaux vêtements. Il faut bien réaliser que l'incarnation est surtout un enrichissement pour ce qui se tient au plus profond de nous-mêmes.

Les difficultés de l'incarnation ont souvent un sens karmique et nous devons cependant travailler sur nous-mêmes car de plus en plus, il s'agit d'être responsables de cette terre qui nous porte, qui nous est confiée ;

nous devons en prendre soin. Cette vie nous est confiée et nous sommes en relation avec les autres. Nous devons apprendre à vivre en bonne intelligence avec tous les êtres, avec la terre, avec tout ce qui nous entoure et nous enveloppe, car l'enseignement est partout. Ainsi l'incarnation est plus belle, elle a un sens plus profond et ne se limite pas à la réussite sociale, matérielle. Chaque être est important. Et même si chacun dispose de moyens différents, le but de l'incarnation est le même : comprendre et éveiller l'amour que chacun a en soi, le répandre et l'offrir, comprendre l'enseignement profond que son âme véhicule.

L'être humain vient vivre une partie de son histoire à chaque incarnation. Et l'émotion qui se dégage du vécu parle à l'âme, elle l'aide à prendre conscience. Toute une alchimie s'opère dans l'être. Chaque incarnation est un véritable athanor. Elle représente le moyen de progresser, d'évoluer, de prendre conscience du monde où nous sommes et aussi de ce que nous pouvons vivre et apporter aux autres. L'incarnation encore une fois ne signifie pas seulement « vivre ses misères », il serait d'ailleurs dommage de le penser. Il y a toujours un aspect positif dans le fait de vivre et de dépasser ses difficultés. Tout karma en effet, est positif et si vraiment nous voulions nous en convaincre, nous cesserions de pleurer sur nous-mêmes, d'être orgueilleux en nous disant avoir mille épreuves. *Nul n'est éprouvé au-delà de ses possibilités.* C'est une loi très importante. Il est triste aussi de penser qu'il y a « mieux que nous ». En effet, on rencontrera toujours quelqu'un de mieux au niveau social ou culturel, mais aussi de moins bien. Ce n'est pas ce qui importe ! Ce qui importe c'est que nous sommes tous ensemble sur cette terre et que chacun de nous a quelque chose de précis à faire. C'est pourquoi il faut méditer, prier. Ainsi, on peut espérer approcher la paix. En calmant notre mental, nous ressentons mieux et nous savons ce que nous avons à faire, même s'il s'agit de quelque chose de très modeste. Nous pouvons nous appuyer sur ce ressenti pour avoir la force de l'accomplir. L'être humain veut toujours atteindre des niveaux impossibles. Il ne faut jamais brûler les étapes ; cela évite de se perdre et permet d'être toujours conscient de ce dont on est capable et surtout d'apprécier ce qui nous est offert. Dans la vie tous les instruments nous sont offerts. Il faut simplement connaître ceux qui nous conviennent, être responsables de ce que nous vivons. Il est donc grand temps d'arrêter de rejeter la faute de tout ce qui se passe sur les autres. Nous sommes vivants et en ne vivant pas justement nous participons grandement aux malheurs qui peuvent frapper la terre.

Il nous faut avoir confiance en ce que nous ressentons, c'est un nouvel art de penser et de vivre. Il est important d'oser vivre ce que nous sommes profondément, sans trop de pudeur et sans attendre que l'autre nous tende la main. On attend beaucoup trop des autres alors que l'on devrait montrer l'exemple. Il nous faut être vraiment dans la présence de l'autre : il n'a ni plus ni moins de faiblesses que nous, elles sont différentes. Nous devons construire tous ensemble. Il faut nous éveiller, les temps sont là. Les Maîtres désirent profondément que nous puissions travailler avec eux.
Que veut dire travailler avec les Maîtres ? On ne les voit pas, on ne les ressent pas. Les Maîtres existent-ils vraiment ? Je crois que tout est une question de confiance.
Est-ce que Jésus a bien existé ? Qu'en sait-on ? Oui, beaucoup parmi nous étaient incarnés à cette époque... mais on ne s'en souvient généralement pas. Les écrits parlent de Jésus. Mais pourquoi sommes-nous certains qu'il a existé ? Parce que notre âme le sait. Elle en a la certitude parce

qu'elle rencontre le Christ sur tous les plans de manifestation. Cette certitude profonde est quelque chose de merveilleux. Le Christ a bien existé et il faut apprendre à vivre avec. Les certitudes intérieures, profondes, que nous vivons tout le temps, nous rapprochent des Maîtres. Elles nous permettent de prendre conscience qu'ils sont là et nous enveloppent de leurs vibrations. Et si l'on travaille nous-mêmes avec confiance, en cessant d'être orgueilleux et de vouloir être ce que nous ne pourrons jamais être, non seulement nous les sentirons mais nous pourrons aussi les voir.

Il est donc essentiel de ressentir ce qu'il y a en nous : l'être intérieur, le Maître intérieur, le gourou que tout le monde cherche. Ne courez donc pas en Inde ou au Tibet ; le gourou est en vous, il est la certitude et la confiance, il parle à chacun, il est le Christ, il est le chemin !

Oui parfois il peut être nécessaire de s'appuyer sur une épaule et de faire un bout de chemin avec un guide*. Mais s'il s'agit vraiment d'un Maître vous n'aurez pas besoin de lui toute la vie. Très vite il vous mettra sur le chemin, vous poussera, vous connaîtrez votre but et vous

---

* Ce thème sera traité lors d'un prochain volume.

l'atteindrez. Il ne faut pas se perdre dans la vie. Il faut vraiment être responsable. Cela demande de regarder ce qui se passe, de comprendre mais pas seulement avec son mental – lequel est un instrument qu'il faut savoir apprécier, utiliser, mais sans se laisser déborder par lui. Il est un moyen qu'il faut maîtriser. Cela demande plus ou moins d'efforts, mais on est capable d'y arriver. Il nous faut utiliser les outils mis à notre disposition tout au long de l'incarnation tels que les événements. Quand nous vivons une situation nous sommes capables de ressentir ce qui se passe en nous, à condition de prendre le temps de nous arrêter un instant, d'être en nous pour regarder, pour écouter à travers le cœur et comprendre la voix de notre Maître intérieur. Celle-ci nous dit : « Oui, c'est bien » ou « Penses-tu que cela soit juste ? ». Elle nous fait ressentir une émotion ou un malaise qui nous éclaire sur notre façon de nous comporter.

Personne ne peut vivre à notre place, il est donc inutile de rejeter tous nos malheurs sur les autres. Si nous étions lucides nous ne serions pas prisonniers d'événements ou de situations difficiles. Il y a plusieurs sortes de responsabilités. Nous voulons absolument évoluer. On peut l'imager ainsi pour les sentiments : on monte une marche, elle s'éclaire ; on en monte une deuxième, elle s'éclaire et ainsi de suite pour arriver à un palier où l'on est capable de ressentir ce qui se dégage ; c'est le véritable sentiment, une impression, quelque chose de fort, un état. Tout ce que nous vivons est une succession de marches. Il en est de même pour la responsabilité. On peut être responsable d'un fait, d'un événement, d'une situation de sa vie, responsable d'une famille, mais à chaque fois nous gravissons une marche. Tout ce que nous accomplissons ici-bas a sa raison d'être qu'il faut comprendre et ressentir ; nous devons donc prendre le temps de nous arrêter pour éviter de nous essouffler.

Dans la vie on sait que l'on est seul. Il ne faut pas craindre la solitude. Même à l'intérieur d'une famille très unie de quatorze enfants chacun est seul, car chacun a son chemin. La famille représente encore un excellent moyen pour avancer, pour comprendre, pour se dégager d'une situation. Mais on est seul.
Il y a des vérités qui apparaissent ainsi tout au long de la vie et pourtant on reste obtus, le mot n'est pas trop fort. On le sait mais malgré tout on se plaint. Peut-être cela fait-il du bien ? Mais peut-être cela peut gêner l'autre aussi ? Il est important de prendre

conscience de ce que l'on est, de se connaître, d'apprécier son incarnation, sans se laisser éprouver par les événements. Il faut les vivre avec du recul ; tout est beaucoup plus facile ensuite. Ils sont là pour une raison précise qu'il faut chercher comme si nous étions spectateurs de notre vie. Alors nous comprendrons mieux la situation et nous aurons l'attitude juste.

Nous allons vers un monde meilleur, les écrits et les Maîtres le disent. Je vous l'affirme aussi. Mais ce n'est pas parce que l'ère du Verseau durera 2 160 ans que nous devons perdre du temps pour installer la paix. Plus vite nous comprendrons, plus vite nous serons capables de faire des efforts, plus vite cette paix arrivera. Avez-vous envie de vous réincarner sans cesse et de recommencer cette roue infernale, ce cycle d'incarnations ? Vous allez me dire : non, pourvu que cela se termine vite. Eh bien, travaillez maintenant, tout ce qui est fait n'est plus à faire, telle est la loi ! Interrogez-vous ! Vous vivez une difficulté ? Si quelques mois ou quelque années après (vous savez qu'il y a des cycles de vie) vous vous retrouvez dans des situations identiques, même si le facteur déclenchant est différent, comprenez donc pourquoi cela vous est encore proposé. Avez-vous bien compris la première fois ? Comment vous êtes-vous alors dégagé de cette difficulté ? Et maintenant, comment allez-vous faire ? Essayez de comprendre ! Il est merveilleux d'être conscient et lucide de notre vécu car cela nous permet de maîtriser notre incarnation. L'incarnation est ce que nous en ferons, il est donc nécessaire de poser l'attitude juste. Le monde de demain se construit maintenant. Dans cette mutation actuelle de l'humanité, nous sommes une occasion unique pour les Maîtres, pour Dieu.

Ayez confiance ! Comprenez comme cela est important ! Certains ici assistent depuis toujours à des conférences, des séminaires et à toutes les manifestations du domaine spirituel. Ils travaillent, par exemple les textes des conférences en essayant d'en suivre l'enseignement dans la vie de tous les jours. Ces êtres s'en trouvent mieux, leur vie se transforme très positivement. Il est donc nécessaire d'agir. Les autres souvent se contentent d'écouter sans plus.

Bien sûr on a confiance et on sait que la force vibratoire des Maîtres est présente dans cette salle, on la ressent. Mais cela peut être tout aussi bien vécu lorsqu'on est en paix avec soi-même, en méditation, en prière, chez soi.

Pourtant, en plus du simple fait d'écouter, il est nécessaire d'entendre en profondeur les conseils qui sont donnés, même si vous avez l'impression qu'ils sont des redites. Les Maîtres avant moi ont répété ces choses inlassablement et de manière différente pour la compréhension de tous.
Il faut donc travailler, faire inlassablement des efforts pour devenir responsable et agir. Nous avons tous quelque chose à faire. Les Maîtres nous demandent de nous y préparer, d'être emplis de bonne volonté, du Divin et non de nous-mêmes.
Alors vous construirez le monde de demain car vous aurez compris et accepté tout ce qui aura été dit et vous ferez vous-mêmes le plus grand des miracles.

Vous ne pouvez pas vous plaindre car il est dit que vous pouvez tout transformer. Il faut donc choisir. Ainsi, une de mes amies a reçu un message du Christ dans lequel des conseils lui sont donnés et il lui est dit : « Tu fais bien. Ce que tu fais est juste et bien mais je trouve que tu perds trop de temps à te plaindre. Puisque je te dis que tout va bien, accepte, crois-moi ! Mais si cela te fait plaisir, continue de te plaindre. Arrange-toi alors pour que je ne l'entende pas. »

Tentons de nous mettre à la place des Maîtres. Ils sont là, à notre écoute, ils veulent nous aider. Or, nous traversons la vie en les ignorant. Imaginez-vous devenir transparents ? Les êtres passeraient à côté de vous sans vous voir, sans faire attention à vous. Cela vous ferait du mal. Les Maîtres ne ressentent pas ce genre de sentiments bien sûr, mais il sont là et ils espèrent qu'un jour vous ouvrirez enfin les yeux et qu'alors vous serez avec eux, main dans la main, cœur contre cœur ; ensemble vous agirez.
Les Maîtres sont toujours présents parce qu'ils savent que vous êtes capables d'un instant à l'autre de vous éveiller, parce que soudainement vous serez touchés, vous vous transformerez et vous ferez le choix d'une nouvelle façon de vivre. Je parle de façon très directe aujourd'hui parce qu'il m'est demandé de le faire. Oui, vraiment, nous devons être de plus en plus disponibles et conscients de ce que nous faisons. Nous devons agir.
Nous savons partager nos difficultés. Mais pourquoi ne peut-on pas s'empêcher d'entraîner toujours quelqu'un dans nos difficultés ? Est-ce un besoin d'exister ? Est-ce un besoin de partage ? Quand de belles choses nous arrivent, le cœur est touché et nous sommes dans une joie extraordinaire.

Mais à ce moment-là curieusement, nous devenons pudiques, nous n'osons plus partager avec les autres ou bien nous le faisons parfois très maladroitement.
Heureusement beaucoup tout de même partagent joie et moments intenses.
Il faut appliquer la loi du juste milieu et pour cela nous devons nous connaître et discerner. Il ne s'agit pas d'entraver l'évolution de l'autre en lui faisant part de nos difficultés même si nous sommes ensemble et que nous avançons ensemble.

Les temps sont là, il faut agir comme si nous n'avions pas de difficultés et sans nous abriter derrière les événements difficiles inhérents à toute existence ; nous nous incarnons pour comprendre et trouver un équilibre par rapport à une vie passée. C'est pourquoi il est extrêmement important d'être conscients de ce que nous vivons si nous ne voulons pas encore nous lamenter dans une prochaine vie et nous dire : « Qu'est-ce que je fais encore là et qu'ai-je donc à payer ? » Si nous ne voulons plus nous poser ces questions, nous devons agir maintenant, en faisant abstraction de toutes les difficultés quelles qu'elles soient.
Ainsi, nous ne devons plus perdre de temps dans nos petites dépressions qui sont

pour nous un moyen d'exister, car elles requièrent l'attention. Bien entendu je ne fais pas allusion aux graves dépressions qui nécessitent des soins particuliers. Nous sommes des êtres intelligents, nous pouvons donc parfaitement réaliser quand nous jouons la comédie : il s'agit alors d'un mensonge vis-à-vis non seulement de nous-mêmes, mais aussi des autres et c'est grave.

Nous rencontrerons des difficultés jusqu'à la fin de nos jours. Mais en ressentant leur message nous serons de moins en moins troublés au point de constater comme par enchantement, leur disparition.

Nous sommes là, nous vivons un moment merveilleux et unique puisque nous sommes, nous, vivants, dépositaires d'un message : le message d'amour est en nous. Nous le véhiculons d'incarnation en incarnation et pourtant nous n'arrêtons pas de le chercher partout ailleurs.

Nous devons nous éveiller à tout cela pour que le monde se transforme. Ne comptez pas sur les autres car les autres comptent sur vous. Je crois qu'il nous faut avancer avec beaucoup d'espoir.

Il est dit aussi que lorsque l'on demande quelque chose au Père en croyant réellement que c'est déjà accompli, qu'il n'y a pas à douter, alors oui cela prend vraiment place. Et c'est ainsi que nous devons vivre : à toute épreuve correspond nécessairement une solution. Tout est prévu. Alors laissez faire le Père. Il passe à travers vous, à travers l'âme qui est divine.

Nous devons nous éveiller et construire tous ensemble, ici et ailleurs, une base solide pour le monde de demain et ceci, pour que nos enfants poursuivent notre travail. Je dis « nos enfants », mais aussi nous-mêmes car plus tard dans une autre incarnation, nous retrouverons ce que nous aurons laissé. C'est aussi la loi du karma. Il faut vraiment accepter tout cela.

Nous disons souvent que nous vivons des temps difficiles. Oui, c'est certain et il suffit pour s'en rendre compte d'écouter les informations à la radio ou à la télévision ou de lire les journaux. On ne pourra pas y remédier tout de suite. Il aurait fallu y penser il y a déjà quelques incarnations. Dans d'autres vies nous avons semé du désordre et maintenant nous récoltons le désordre. Mais aujourd'hui nous sommes un peu plus ouverts, nous connaissons certaines choses, nous sommes sur un chemin, nous sommes capables de semer des actes merveilleux. Et nous récolterons, tous, plus tard.

Il faut prendre conscience de ce que nous sommes. Votre voisin ne pourra avancer que si nous-mêmes nous agissons. Nous en sommes capables.
Comprenez bien que chaque groupe spirituel reconnu par les Maîtres – en fait il y en a très peu – constitue le maillon d'une chaîne extraordinaire, mystique, une chaîne fraternelle d'amour. Je veux parler ici de la fraternité mystique, de cœur ; il s'agit alors de quelque chose de profond, de solide. C'est ce que les groupes actuels doivent mettre en place.
En nous se trouvent la joie, l'amour, tous les bons principes, toutes les clés que nous devons oser montrer. Il est donc important d'être heureux de vivre tout ce que nous vivons, d'être toujours en contact avec notre joie profonde.
Nous devons oser ouvrir les portes, oser faire bouger les choses. Les temps sont là et nous n'avons plus le temps de nous préparer parce qu'il faut agir. Qu'a-t-on fait pendant toutes ces années depuis que nous sommes sur le chemin ? Nous avons peu bougé... nous avançons et il ne faut pas se décourager. Sachez que si vous êtes incarnés maintenant c'est bien parce que vous avez votre mission, votre rôle à jouer et que vous pouvez apporter votre aide ; vous êtes en puissance chacun – et nous le

sommes tous – un canal parfait, même s'il faut encore et toujours s'améliorer.
On ne sera jamais parfait sur terre, ce n'est pas « prévu », on ne le peut pas dans ce système d'évolution. Il faut le savoir. Aussi, ne perdons pas notre temps. Rapprochons-nous de la perfection oui, mais surtout agissons. Et comme cela a été dit une fois à quelqu'un, ici-même par le Christ : « Si tu attends mon enfant d'être parfaite pour me servir, tu ne me serviras jamais... »
Tout ce que vous ferez pour l'autre vous servira d'enseignement, vous le ressentirez. Si vous tendez la main à quelqu'un, c'est bien ; mais en fait, n'est-ce pas lui qui va vous tirer ?
Il faut donc accepter d'avoir des difficultés. Et s'il nous arrive d'être blessés, qu'est-ce qui est blessé en nous ? Je laisse chacun répondre.

J'ai moi-même traversé des difficultés, j'ai été touché, je me suis lamenté. J'ai connu tout cela. Il m'a fallu du temps pour réaliser que, malgré tout, j'étais en paix intérieurement. C'est mon mental qui me jouait des tours. Ce qui en moi était touché, blessé c'était mon orgueil, l'ego.
Au bout de ma réflexion j'ai réalisé que mon âme était tranquille, informée de tout,

si elle acceptait je devais en faire autant. Au lieu de m'agiter je devais comprendre. Cela m'a encore demandé du temps. Et un jour le Maître m'a fait prendre conscience du fait que les difficultés disparaissaient effectivement, grâce à la compréhension que j'en avais.

Il faut reconnaître qu'on est blessé surtout dans notre orgueil. Soyons honnêtes ! L'âme sait bien que tout ce qui arrive est juste et bien ; c'est un moyen d'évoluer et de prendre conscience, mais avant de l'accepter... Dans la vie, nous avons tous quelque chose à faire, selon nos moyens, pour construire un monde nouveau. Nous devons œuvrer.

Il y a plusieurs étapes dans une incarnation, il ne faut jamais l'oublier. Chaque chose se fait en son temps, chaque âge apporte son trouble, ses difficultés et si l'on a des enfants, il faut se rappeler son vécu, or la plupart des parents l'oublient. Nous nous situons dans une véritable entraide.

Tout à l'heure quelqu'un m'a dit : « Je suis au chômage, donc un assisté ». Il faut avoir l'humilité d'accepter cette épreuve involontaire. Elle est l'occasion d'une évolution, d'une prise de conscience. Mais nous sommes tous des assistés de Dieu :

nous Le supplions tout le temps d'intervenir. Il est là et les Maîtres sont là pour nous aider. Oserons-nous jeter la pierre à cette personne qui se dit assistée ?
Il est important de cheminer ensemble, main dans la main, avec compréhension, avec tolérance, dans son amour qui est la plus grande des protections. Il faut avancer coûte que coûte et malgré les difficultés.

Dernièrement quelqu'un me disait ressentir de plus en plus les forces noires. C'est normal, nous allons vers un monde meilleur, il y a donc une lutte. On retrouve partout la dualité, en chacun, dans tel ou tel événement, dans la famille, dans les pays. La dualité existe en permanence, nous savons qu'il y a le bien et le mal. Et pourquoi le mal ne deviendrait-il pas un bien et un moyen ? Les forces noires mettent en valeur ce qu'il y a de plus beau en nous. On s'accroche et on rayonne toutes ces belles choses enfouies en nous. Là où se trouve la lumière, il y a forcément l'ombre. Mais s'il y avait plus de lumière il y aurait moins d'ombre.
Plus ou moins nous sommes tous lumière et de toute façon, ensemble, nous rayonnons. L'action de l'ère du Verseau consiste à se regrouper. Vous voulez offrir à l'autre

ce qu'il y a de plus beau en vous, il vous faut donc vous préparer dans l'instant.
Il existe une autre loi, même si elle peut apparaître à certains comme un simple dicton : « Il ne faut jamais remettre au lendemain ce que l'on peut faire le jour même. » Essayez de méditer cette loi.
L'être est faible et remet souvent au lendemain en se disant que de toute façon il vaut toujours mieux le lendemain que le surlendemain.
Il faut bien se connaître et apprécier son incarnation actuelle. Ceci permet une autre connaissance de soi pour aller plus loin car ainsi certaines choses sont ressenties.

Que veut dire : « Connais-toi toi-même » ?
Quand on est bien dans sa peau, quand on ne donne pas prise à toutes ces difficultés ou du moins qu'on les comprend, quand on s'épanouit, quand on est positif, on prend conscience de cet acquis, de notre différence. On est alors capable de rayonner cet acquis, de le connaître et de savoir qu'il vient de vies antérieures. Cela apporte alors une autre connaissance de soi et c'est extrêmement important. Et c'est cela le « Connais-toi toi-même », cette phrase célèbre inscrite au fronton d'un temple.
Si l'on tient compte uniquement de son incarnation actuelle, le « Connais-toi toi-

même...» représente quelque chose de purement orgueilleux. Il n'est pas possible de limiter ainsi le Divin car à ce moment-là il n'existe plus et on ne peut plus tenter de l'appréhender.

Le « Connais-toi toi-même », c'est quelque chose de beaucoup plus vaste, plus profond. Nous faisons partie de l'éternité qui est notre véritable demeure. Pour en prendre conscience nous nous incarnons et nous nous faisons alors nous-mêmes prisonniers d'un véhicule. En acceptant de nous incarner et d'évoluer nous pouvons penser que nous permettons la transmutation du monde et que terre deviendra enfin sacrée.

On retrouve également la notion de responsabilité dans le fait que nous avons choisi tout ce que nous vivons.
Mais d'ores et déjà nous sommes responsables du monde de demain. L'ère du Verseau verra donc le Messie revenir. De plus en plus, des êtres sont chargés de l'annoncer.

Il y a longtemps un être, Jean-Baptiste, a annoncé la venue du Messie. Il est arrivé et nous portons en nous son message que nous devons vivre. Des groupes se forment

– ici et là – ils sont de nouveaux « Jean-Baptiste », ils annoncent le retour du Messie. Peu importe d'ailleurs le nom qu'on lui donne. Il vient ! Cela est certain. Beaucoup prétendent qu'il habite ici, là ou ailleurs. Je dis qu'il a une demeure dans chaque pays et qu'il vit dans chaque cœur. Peu importe d'ailleurs de connaître ou pas son adresse personnelle. En tout cas quand il se présente à moi, il ne me parle que d'amour.

Je peux même vous dire que les Maîtres espèrent que son retour se fera plus vite que prévu : actuellement un immense travail est accompli. De plus en plus d'êtres s'éveillent, deviennent conscients de la réalité des Maîtres, se mettent à leur service. Le travail est donc amplifié. Dans tous les pays des groupes véhiculent leur enseignement et permettent donc la transformation des événements. En décembre 1989 les Maîtres de la Hiérarchie nous ont un peu expliqué tout cela. C'est pourquoi j'insiste donc aujourd'hui sur le fait qu'il est important de travailler sur soi avec les autres. Il faut que nous fassions partie de cette chaîne pour que tout s'accomplisse très justement. Il pourrait alors bien, effectivement, venir plus rapidement que prévu.

Je sais qu'un jour j'ai dit que nous avions, pour le plus grand nombre, rendez-vous avec lui à une époque bien déterminée. Mais déjà il se présente aux initiés et il travaille avec eux. Il honore souvent de sa présence les réunions. Mais plus vite nous nous éveillerons, plus vite nous prendrons conscience de ce qu'il y a dans notre cœur, plus vite nous réaliserons ce qu'il y a dans notre âme, cette soif, ce désir, cette force. Alors il se pourrait bien que nous soyons placés sur ce chemin des initiés et nous pourrions le rencontrer plus vite.

Je vous assure qu'actuellement un travail est fait par les Maîtres de la Hiérarchie et que ce travail peut transformer profondément les êtres qui sont à l'écoute. Je vous assure également que les Maîtres travaillent au sein des groupes qui se forment, en tenant compte du niveau de chacun. Tout se restructure en ce moment, sur tous les plans. Nous abordons l'ère nouvelle et de ce fait nous allons vers une autre société, vers une autre intelligence. Nous vivons des moments merveilleux et nous y participons. Il faut donc vraiment avoir confiance. Vous allez entendre ici et là que des groupes se transforment et c'est bien, c'est normal, cela fait partie de la loi. Ces groupes sont bénis par la Hiérarchie et

soutenus par la force christique ; il serait bien que vous puissiez les reconnaître et participer aux travaux proposés. C'est le cas de notre école mais c'est aussi le cas d'autres organisations. Il est cependant important que vous puissiez savoir où est votre chemin... il est en vous bien sûr, mais il lui faut prendre appui sur quelque chose. Tout se passe comme si l'enseignement dispensé vous remettait en mémoire un vécu et vous rendait plus solides, plus déterminés. Votre foi est alors inébranlable et vous poursuivez le chemin, mais pas seuls : car arrivés à cet état, vous n'avez qu'une envie, c'est que les autres viennent avec vous. Et peut-être qu'un jour vous serez aussi les maillons de toute cette chaîne. Cela est important. Nous allons ensemble vers l'ère du Verseau et nous avons beaucoup à réaliser.
N'a-t-il pas dit il y a deux mille ans : « Vous accomplirez de plus grandes choses que moi » ?
En fait il s'adressait déjà à nous. Regardez comme nous avons évolué tout de même ! Nous commençons déjà à vivre son message, à en prendre conscience. Nous savons lire entre les lignes, dans les évangiles par exemple. Nous sommes touchés autrement et nous sommes prêts à accomplir de plus grandes choses encore,

car nous mettons en place un monde nouveau pour toute l'humanité. Nous sommes en mutation. Tout se transforme et la terre est à considérer comme un vaste athanor. Nous faisons partie de ce tout et nous devons coûte que coûte devenir responsables et conscients. Votre cœur lui, fonctionne comme tous les autres cœurs partout sur la planète. Notre travail est de nous mettre en accord avec ce grand cœur qui bat pour nous et qui nous donne le rythme, ce cœur christique. C'est notre tâche. Est-ce que le Christ regarde la couleur de nos yeux, de notre peau, de nos cheveux ? Ça l'indiffère. Il ne voit que ce qu'il y a en nous et ce qu'il y a en nous ne se mesure pas, mais se vit. C'est un état, là est l'essentiel. Et le moins que nous puissions faire est enfin de réussir à dépasser tout cela, d'avancer ensemble dans une fraternité mystique, dans cette union de cœurs et d'âmes qui cheminent en tenant compte de ce que nous sommes profondément et non pas de ce que nos yeux peuvent voir et nos oreilles entendre.

Prenons conscience de cette carapace, de cette personnalité qui nous enveloppe. Il faut lâcher prise, ou bien l'améliorer, ou savoir l'utiliser. Le corps physique (ou l'ego) est un instrument, il fait partie de

cette magie divine si nous savons l'utiliser. Nous avons tout pour réussir notre incarnation et si nous ne l'avons pas réussie ce n'est de la faute de personne ; simplement nous aurons été paresseux ou nous aurons dormi ou peut-être aurons-nous agi comme le lièvre dans la fable.
L'incarnation est un combat permanent. Nous devons trouver en nous-mêmes la loi du juste milieu. Soyons conscients de nos faiblesses et de nos qualités.
Si nous réussissons à appliquer tous ces conseils, nous sommes prêts à être responsables des bases qui permettront à l'ère du Verseau de s'épanouir. Cela signifie alors que nous vivrons l'enseignement christique qui n'est autre en fait qu'un art de vivre qui passe par l'amour. Cela veut dire aussi que les Maîtres vont pouvoir œuvrer avec nous et que nous n'allons plus avancer en tâtonnant : nous sentirons leurs mains prendre les nôtres pour nous guider. Et puis un jour nous allons les ressentir vraiment puis deviner leur silhouette, tout dépendra de notre évolution. Mais ce qui est important, c'est au niveau du cœur, notre détermination sur laquelle les Maîtres vont s'appuyer.
Ils existent et ils sont là, aussi vrais que vous vous êtes là. Et s'ils sont là aujourd'hui vibratoirement, dans cette

salle, c'est parce que vous êtes présents. Il en est de même ailleurs. Il faut prendre conscience et avoir confiance.
L'ère du Verseau verra l'œuvre du futur Messie. Cela sera possible parce que nous nous serons éveillés, parce que nous serons devenus des « œuvriers », des serviteurs, nous aurons en tout, l'action juste, celle qui passe par le cœur, celle que l'on ne peut pas discuter. Le jour où nous cesserons de nous agiter et de brasser du vent en faisant croire que... le jour où l'on acceptera d'être ce que l'on ressent (parce que l'on ressentira ce que nous sommes au plus profond de nous-mêmes) et que nous oserons le manifester, vous verrez comme notre vie se transformera radicalement. Vraiment les Maîtres comptent sur nous et nous demandent de prier de plus en plus. La prière, je l'ai déjà expliqué, peut être dite avec les mots de son cœur, les mots de l'émotion, ceux de l'instant. Parce qu'alors, les mots véhiculent véritablement une vie, une force et atteignent le but. Ou bien elle peut être une action, une attitude. De toute façon l'incarnation est prière et ceci il faut y penser tout le temps. Il faut vivre avec cette idée, il ne faut jamais l'oublier. L'incarnation est la plus belle des prières et le plus beau des hommages que l'on puisse rendre à Dieu, nous qui voulons tellement être ses

serviteurs. Les Maîtres s'appuient réellement sur nous, ont besoin de nous. Mais ils ne vont pas nous forcer la main.
J'ai déjà entendu ce genre de discours : « Un Maître va venir un beau matin me prendre et me donner une mission. » J'ai écouté. Que dire ? Je crois que penser ainsi revient à les ignorer. Les Maîtres sont beaucoup trop respectueux, plein d'amour et de tolérance. Ils ne nous demanderont de faire quelque chose que lorsque nous en serons dignes, lorsque nous serons prêts. Sinon ils ne s'adresseraient qu'à notre orgueil avec lequel rien de bien n'est possible. Alors il ne faut pas rêver : faisons des efforts tous les jours, en chaque instant et un jour, oui nous les verrons, nous sentirons leurs mains, oui, nous saurons quoi faire, oui notre regard rencontrera celui de l'illustre Maître qui revient par amour pour nous. Là encore nous avons beaucoup de chance, nous le verrons vraisemblablement ou bien nous en entendrons parler, parce que nous sommes incarnés maintenant et que sa venue n'est pas prévue dans cent ans.
Les Maîtres sont là, à notre écoute, nous aident. Et au fur et à mesure que nous faisons des efforts, que nous sommes déterminés, leur présence devient encore plus efficace dans la vie personnelle de

chacun. La vie devient action et tout se transforme. Il faut vraiment penser cela et le vivre.
À l'heure où je vous parle plusieurs Maîtres sont ici, à l'écoute de mes propos. Non pas qu'ils aient besoin de cet enseignement, bien sûr que non, c'est plutôt moi qui transmets le leur. Ils sont là avec un regard bienveillant et de leur poitrine, puisque je les vois bien, part un rayonnement extraordinaire qui touche et enveloppe chacun de vous.

Aimez donc votre incarnation, c'est le B.A. – BA du parfait mystique sincère. Et puis osez travailler sur vous-mêmes. N'hésitez pas à vous reprendre, à vous corriger. N'hésitez pas à faire des efforts. Réfléchissez avant d'agir. Sentez ce qui se passe en vous, ce qui vous est recommandé. Vous qui voulez faire quelque chose, d'où tenez-vous cette volonté ? Est-ce votre mental autrement dit votre orgueil qui vous donne envie, ou est-ce vraiment quelque chose qui monte de vous, que vous ne pouvez pas maîtriser ? Il doit alors absolument se passer quelque chose. Voyez-vous, je suis sûr que vous traversez ces moments-là.
Et puis, il y a les moments de doute. Ce sont des moments merveilleux, même si

nous les vivons comme un véritable calvaire. Le doute oblige à nous remettre en question, au moins là nous ne sommes pas orgueilleux. Si l'on doute, c'est que l'on n'est pas sûr de soi, n'est-ce pas ? Mais comme le disait un jour un Maître : « Le jour où vous ne douterez plus, alors là ce sera grave. »

Il faut aussi remettre les événements ou ce que l'on ressent à leur juste place, renouer un dialogue avec nous-mêmes. Nous ressentons certaines choses qui, par exemple, se traduisent ainsi : Nous nous apprêtons à faire quelque chose et nous nous sentons mal ; nous annulons. Quelque temps après nous nous apercevons que nous avons bien fait.

De plus en plus on tient compte de ce que l'on ressent, mais sans pour autant être à l'écoute de notre âme qui, elle, agit comme elle peut. Nous sommes tellement ignorants qu'il faut bien qu'elle s'adapte à notre ignorance. Certains ont un véritable dialogue avec elle.

Sachez être prêts, car de toute façon il vous sera demandé. Alors encore une fois, c'est maintenant qu'il faut se préparer. Déjà là, tout de suite, c'est ce que vous faites puisque vous n'êtes pas sortis de cette salle. Vous auriez pu dire : « Mais moi je ne veux pas, je sors ». Mais vous savez bien, la responsabilité se situe à ce niveau ; quand on n'est pas conscient de certaines choses on peut être « pardonné », mais quand on fait la démarche d'écouter un enseignement – parce que c'est bien un enseignement que je vous transmets – et qu'on n'en tient pas compte, c'est grave. Je le répète souvent pour que vous soyez bien à l'aise. Il y a des gens qui me disent : je ne reviens pas parce que je ne me sens pas prêt. C'est bien, cela prouve qu'ils ont compris la nécessité de s'impliquer et de faire efforts. Ils sont conscients qu'ils n'en ont pas encore le courage.

Mais quand on est conscient de quelque chose, il faut nécessairement agir. Nous avons tous une lumière, un flambeau à porter, une connaissance à offrir. Et tôt ou tard la situation qui nous permettra l'offrande ou l'action prendra place, mais cela se mérite.

Il est extrêmement doux et merveilleux d'accomplir sa vie très justement en n'ayant rien à se reprocher. Quand on a su agir comme il fallait, quand on n'a pas d'arrière-pensée, quand on se sent bien et qu'on est satisfait de sa journée, on peut s'endormir en paix, glisser dans un sommeil profond. Mais le fait d'être mal avant de s'endormir parce que la journée a

été difficile peut permettre une prise de conscience. Finalement tout est bien.
Ceci dit, il est préférable d'avoir un profond sommeil. Parce que l'âme, quittant ce corps pendant le sommeil, peut beaucoup mieux apprendre et continuer son chemin. En effet l'âme ne dort pas.
Il faut penser que vous agissez ici et maintenant, mais aussi sur les autres plans. Et l'âme fait aussi partie des autres plans. C'est important.

Paris, le 10 juin 1990

*

– III –

Vraiment, nous allons vers des moments merveilleux. Nous devons, nous qui sommes sur le chemin, prendre de plus en plus conscience de ce que nous allons trouver au bout de ce chemin. Nous allons vers un sentiment de paix. Nous allons vers l'amour. Nous allons par notre attitude, notre espoir, aider à l'installation de l'ère du Verseau et permettre la transformation. Nous allons, je le répète souvent, vers un nouveau courant de pensée et aussi vers une nouvelle psychologie.
Tout cela pourra prendre place parce que nous le voulons, parce que nous nous y préparons, parce que nous allons vraiment aller dans ce sens.

Et puis, nous allons sans doute vivre avec une autre attitude. Je m'explique : pendant longtemps on a vécu en se cachant si j'ose dire, derrière les saints ou même en se disant, Jésus est l'exemple, je le suis. Alors oui, bien sûr, tout cela est bien et c'est ce que nous a enseigné l'Église. Mais je crois que nous abordons une étape maintenant où nous parlons moins de Jésus. Bien sûr il est l'homme, il est l'exemple, il est ce qu'il nous faut devenir dans notre âme, dans notre mental, dans notre physique, dans notre comportement. Mais nous parlons beaucoup plus du Christ et là déjà, nous parlons de l'énergie, nous parlons de Dieu. Nous allons vers autre chose. Peut-être même que dans quelques années, pour l'Église nous serons des renégats.

Avez-vous remarqué comme nous glissons d'une compréhension à une autre ? Cela est normal. Nous sommes toujours respectueux, nous suivons l'enseignement du Christ, cela est bien. Mais où nous emmène-t-il cet enseignement ? Vers la réalité du Père ! Il nous emmène donc vers Dieu. Avec l'ère du Verseau, grâce à nous, mais aussi grâce aux autres qui sont sur un chemin nous allons davantage par notre vie honorer Dieu. Le Christ, c'est Dieu bien sûr. Nous allons prendre conscience que nous cherchons à rejoindre Dieu mais qu'en fait nous sommes dans le cœur de Dieu.
Où que nous allions, nous sommes en Lui, dans cette intelligence suprême, dans cette énergie suprême, dans cette énergie divine.

Quand nous sommes en pleine discussion avec quelqu'un, nous sommes en face de Dieu. Lorsque nous nous déplaçons, nous bougeons grâce à Dieu. Nous sommes vraiment dans son cœur, il ne faut pas l'oublier et c'est vers cette réalité-là que nous allons. C'est pour ça que le monde va se transformer.

Nous essayons d'aborder cette vérité, déjà à l'heure actuelle, de différentes façons. Cela nous conduit aussi à cette prise de conscience *que nous ne sommes rien !* Ou alors, que nous sommes vraiment des êtres merveilleux. Oh ! non pas dans notre psychologie ou dans notre façon d'être car on dérange beaucoup, on a du mal à se supporter – il est intéressant d'ailleurs que l'autre reflète notre image, comme un miroir, il nous oblige à changer. Mais nous sommes merveilleux en tant qu'âme, dans ce qu'il y a en nous et qui est divin. Nous allons vers cette prise de conscience, car c'est ça l'ère du Verseau, grâce à la venue de cet homme merveilleux qui nous a laissé un enseignement extraordinaire qu'il nous faut poursuivre – je parle de Jésus-le-Christ. C'est vrai qu'il a toujours été placé sur le chemin, et nous le suivons. Il est toujours là, il est toujours l'exemple, mais nous comprenons maintenant – nous en sommes arrivés à ce point – que lorsque l'on parle du Christ, on parle de l'amour que chacun renferme cette force merveilleuse, que chacun vit cela. Il faut en prendre conscience. Cette force extraordinaire c'est cette force qu'on dit christique, cette force divine, c'est Dieu, c'est le Père.

Lui-même n'a-t-il pas dit un jour, en la personne de Jésus : « Tout ce que vous demanderez en mon nom à mon Père, Il vous l'accordera. » Lui-même nous invite à nous adresser directement à Dieu. Avec l'ère du Verseau, nous allons apprendre à nous adresser directement au Père. Cela ne veut pas dire qu'il faut ignorer le Christ, bien sûr que non ! il fait partie de nous, il est l'enseignement, il est toujours l'exemple et la force suprême. Mais nous allons apprendre à aller au-delà. N'a-t-il pas dit aussi : « Vous ferez de plus grandes choses que moi » ?

Nous arrivons à l'aube de toutes ces manifestations et de toutes ces vérités. Nous allons prendre conscience que nous vivons dans un monde merveilleux. Nous le trouverons merveilleux uniquement parce que nous allons apprendre à voir avec un autre regard et à entendre par une écoute différente.

Il est bien évident que si l'on regarde tout ce qui se passe autour de nous, ce que l'on voit est tragique et dépasse notre entendement. Pourtant cela a bien une raison d'être. Et si nous, nous allons directement vers cette prise de conscience et si nous savons manifester le Divin en nous, il y aura un renversement de situation. Rien ne pourra être radical, tout ne pourra pas s'arrêter du jour au lendemain bien sûr. Mais il pourra y avoir une grande amélioration.

Il faut en être conscient. Il faut même accepter de le vivre. Alors c'est vrai que Jésus-le-Christ est toujours sur le chemin, mais nous allons apprendre à vivre cette vérité différemment. Nous allons devenir responsables de ce qui nous est confié et de ce que nous sommes. Être responsables, c'est prendre conscience de ce que nous véhiculons, cette force extraordinaire, divine, Dieu-le-Père qui est en nous.

Progressivement nous aurons des manifestations en nombre et nous saurons que c'est bien une vérité. Cela va demander encore du temps mais il n'empêche que cela se fera parce que c'est écrit ; cela fait partie des lois. Dieu est en nous, Il est autour de nous, nous sommes en Lui. Il faut bien qu'il y ait une rencontre, une acceptation et quand vraiment nous vivrons cela alors il n'y aura que de bons sentiments. Parce que celui qui aura accepté et compris cela, ne pourra plus jamais être orgueilleux. Il fera attention à l'autre, il vivra cette intelligence profonde et non égoïste. Il sera capable de trouver le mot juste et de vivre très justement. Nous allons vers cela, c'est obligé et il faut y croire. Bientôt nous allons accepter d'êtres responsables, vous verrez !

L'autre jour, j'étais en compagnie de frères et sœurs et même si la discussion que nous avions me passionnait, j'étais un peu dans mes rêves et quand c'est comme ça tout peut arriver... Alors effectivement, j'ai pris conscience que je me trouvais ailleurs en fait ; sans m'en rendre compte immédiatement, j'étais en train d'écouter une réunion qui avait lieu entre Maïtreya et d'autres Maîtres. Ils étaient réunis en assemblée et essayaient de mettre en place sans doute, les prémices de tout ce que je vous dis. Ils étaient en train de décider des lois nouvelles et du nouveau courant de pensée. Ils souhaitaient utiliser tous les êtres de bonne volonté.
Comment allaient-ils s'y prendre ? En fait, ils ont « pensé » au but, je vous donne une image car c'est difficile à expliquer en mots, ils ont pensé à ce qu'il fallait dans les années futures, quel but l'humanité devait atteindre, quelle étape et à quelle période. Et cela a été créé vibratoirement. Et lors

d'une cérémonie tout a été « envoyé », dirigé vers l'humanité. Et l'homme dans son erreur, prétentieux et orgueilleux qu'il est, croit avoir eu une idée de génie. J'ose vous dire que les Maîtres y sont peut-être pour quelque chose ! D'un seul coup, parmi nous certains vont dire : « Mais tiens ! J'ai pensé que... » et puis justement il leur appartiendra bien dc mettre en place quelque chose. Un certain circuit va se créer et ainsi de suite. Les Maîtres utilisent notre force, notre intelligence pour mettre en place ces nouvelles pensées, ces différentes actions, etc.

Chaque pays reçoit la même puissance vibratoire et pourra, en tenant compte de ce que les hommes savent et de ce qu'ils peuvent faire, mettre en place différentes lois. C'est merveilleux, parce qu'en fait les Maîtres tiennent compte de notre évolution, de nos possibilités comme de nos besoins. Et nous, nous allons poursuivre notre découverte, notre quête, nous allons tout mettre en place et atteindre de cette façon le but choisi. Mais c'est nous qui faisons le parcours. Comprenez-vous bien ce que je veux dire ? Les Maîtres ont pensé, ils nous ont offert leur pensée et nous allons la découvrir, la mettre en action. Et en plaisantant, je disais que c'était peut-être pour ça que nous étions orgueilleux et prétentieux, parce qu'encore une fois nous allons crier au miracle et dire : « Voilà, l'être humain se sort encore d'affaire et a mis en place ceci, cela ! » C'est vrai, mais heureusement que l'*On* a pensé pour nous. C'est merveilleux et cela m'a fait du bien de penser qu'en fait des êtres ont le souci de notre bien-être, de notre évolution. Ils se réunissent, pensent très justement à ce dont nous aurons besoin dans trente ans et nous permettent de le mettre en place à notre rythme, progressivement. Et nous allons nous adapter, nous éveiller au fur et à mesure que nous le mettrons en place. Tout ce que les Maîtres veulent, c'est que nous réussissions à atteindre ce but qu'ils ont pensé pour nous.

Il est bien certain que Maïtreya est entré en action. Il y a quelque temps, dans plusieurs conférences, j'expliquais qu'il se réunissait avec d'autre Maîtres, différents initiés et qu'ils réfléchissaient déjà, ils travaillaient ensemble. Mais voyez-vous maintenant je crois bien que l'on va parler de cet être merveilleux, qui est déjà sur terre et dont la mission a déjà commencé, que l'on va en parler de plus en plus parce qu'il le faut, parce que les temps sont là.
Et peu importe qui va en parler, peu importe que ce soit moi ou d'autres. Ce qui

est important c'est qu'on en parle, c'est qu'on sache que cet être existe et qu'il est là par amour, pour notre évolution et qu'il nous aide. Et enfin, que tout un travail est fait. C'est cela le plus important.
Mais encore une fois, il ne faut pas qu'on recommence à faire les mêmes erreurs que par le passé, il ne faut pas tenir ce genre de dialogue :
– Maïtreya va agir par telle organisation.
– Pas du tout ! C'est par telle autre !
C'est stupide. Il agit déjà et en dehors de toute organisation. Il ne faut pas l'oublier. Voyez ce qu'on est capable de faire. Regardez l'Église, elle s'est appropriée le Christ. Alors qu'il n'est d'aucune religion. Et il ne faut pas perdre de vue que nous sommes un maillon important dans cette chaîne fraternelle qui existe sur toute la surface de la terre et que nous devons mettre en place cette nouvelle religion : cette religion d'amour, religion universelle et qui en fait les réunit toutes.
Maïtreya n'appartient à personne, ou plutôt il appartient à l'humanité. Et si un jour il prétend lui-même préférer telle organisation à une autre, alors je vous l'affirme, il fera partie des faux prophètes.

Dans les conversations que j'entends entre les Maîtres dont Maïtreya, il dit lui-même qu'il n'est d'aucune religion, qu'il n'est d'aucun pouvoir, au sens politique, mais qu'il est tout amour et qu'il est là pour aider l'humanité à franchir cette nouvelle étape. Ce Maïtreya-là, qui a ce langage a ma préférence. Il peut alors utiliser différents ordres ou organisations. Il a différentes possibilités pour s'exprimer. Il peut utiliser différentes notes mais il n'est pas *une* note. Il les possèdent toutes.

J'explique cela pour répondre à vos questions. Le Christ est universel, il est la loi d'amour. Maïtreya vient nous aider à vivre tout cela et à aller plus loin encore et je dirais qu'il a le même statut que le Christ.
Il existe comme ça des êtres qui viennent régulièrement, qui s'incarnent par amour et qui sont au-delà des principes, au-delà de ce que l'homme a pu mettre en place. Mais aussi, ils peuvent utiliser ce que les hommes ont mis en place.

Tout se précise et j'ai même l'impression que tout se précipite. Nous allons voir dans quelque temps bien des visages se dévoiler. Je veux dire que des êtres vont prendre place. Ils seront porteurs d'un message et mettront en place une action. Ils seront rattachés à cette force divine que Maïtreya symbolise.

Nous allons vers des découvertes. Les scientifiques vont s'interroger de plus en plus – Maïtreya en a parlé lors de cette réunion. Ils vont enfin se dire qu'au-delà de certaines découvertes il leur manque l'essentiel. Ils vont oser penser de cette façon.

Pourquoi ? Simplement parce que parmi les âmes que se sont incarnées ces dernières années, ces derniers mois, certaines sont en mission et vont aider la science à faire un grand pas en avant. Et ces âmes vont faire des découvertes qu'elles expliqueront par l'existence d'une autre force, parce qu'il y a Dieu. Peut-être ne parleront-elles pas encore de Dieu, mais elles parleront d'une force. Nous irons beaucoup plus loin alors. En acceptant cela, il est certain que tout ce que nous découvrons maintenant prendra vraiment son sens et il y aura de moins en moins de maladies ; parce qu'à toutes ces découvertes, dans toutes ces possibilités nouvelles que nous aurons, on y placera une notion divine qui changera tout. Cela est juste parce que c'est écrit et que c'est voulu.

Si vous acceptez de regarder autour de vous, d'être à l'écoute de vos amis, ou même de ce qui se passe pour vous, vous verrez que finalement ça ne va pas aussi bien que cela. J'entends dire mes proches ou autour de moi : « Mais enfin, que se passe-t-il au niveau des astres ? Que de difficultés on vit ! » Il y a peut-être les influences astrales mais il y a aussi ce fameux tri qui est en train de se faire. Il y a des âmes qui s'éveillent, des êtres qui se posent des questions, qui veulent aller plus loin, qui veulent savoir, qui veulent vivre, vivre avec un grand V, sans que pour cela on les traite de marginaux ou de fous. Et puis, il y a ceux qui soi-disant sont éveillés depuis bien des années et qui subitement ne font pas le poids. On s'aperçoit que tout ce qu'ils nous ont raconté, tout ce qu'ils ont voulu nous montrer, n'a pas de profondeur et ne tient pas ; ces êtres s'écroulent devant les épreuves. Il y a un revirement de situation, des gens qui ont cinquante, soixante, quatre-vingts ans, athées toute leur vie, qui étaient même contre la spiritualité, qui ont fait mille choses, qui soudainement se disent : « Mais, que se passe-t-il ? Je réagis différemment, je pense différemment, j'ai besoin d'autre chose ! » C'est merveilleux, voyez-vous ce sont des miracles tous ces changements.

Tout change, tout se transforme, tout bouge. Il y a une sorte de « jugement » qui est en train de se faire, il ne faut pas craindre, ce n'est pas le jugement dernier, non, c'est une prise de conscience parce que les temps sont là.

Beaucoup d'êtres disent : « Avant, j'avais quelques blocages mais maintenant je suis complètement bloqué. Que se passe-t-il ? »

Il faut réagir, il faut s'interroger. On ne peut trouver la réponse qu'en soi-même et vous le savez, si on se pose une question, c'est qu'on a forcément un jour vécu la réponse. C'est le Christ qui l'a dit un jour dans un message, ici-même. Il faut réfléchir à tout ça, on nous donne les moyens de comprendre ce qui se passe, de dépasser nos blocages.

« Pourquoi fais-je ceci ? pourquoi je ne peux m'empêcher de faire cela ? pourquoi ai-je envie de vivre autrement ? je suis une femme, je voudrais être un homme ! »

Il n'y a pas à en rire, c'est profond. C'est même un enseignement pour celui qui s'interroge très justement.

Pour d'autres ce sera : « Mais enfin, tout me réussissait et maintenant tout ce que je fais échoue, pourquoi ? »

On va vers d'autres valeurs, vers d'autres sentiments, on s'éveille et cela est merveilleux. Il ne faut pas craindre, il faut simplement savoir vivre en bonne intelligence, savoir respecter l'autre, vivre la tolérance. Cela s'apprend, ce n'est pas inné. Il faut s'obliger à la tolérance, il faut faire des efforts pour comprendre, il faut travailler sur soi, mais sans oublier de travailler pour les autres. Il ne faut pas dire : « Je m'arrête, je travaille sur moi et je verrai ce que je peux faire après pour les autres. » Non, les temps sont là. On a eu avant la possibilité de ne penser qu'à soi, maintenant non ! Il faut bien vivre avec l'autre. L'autre est notre miroir. Ce qui nous dérange en lui, c'est ce qu'on se reproche. C'est un peu simple de dire cela, mais c'est la vérité.

Nous sommes enveloppés du Père, de Dieu. Quand nous avançons, quand nous marchons et que nous sentons cette force comme ça, ce petit vent que l'on déplace en bougeant, c'est le Père. La fleur, la nature, l'autre, tout est divin. Nous sommes bien dans le cœur de Dieu. C'est cette vérité-là que va nous apporter l'ère du Verseau. Et c'est pourquoi maintenant nous sommes à cette étape où nous réalisons que le Christ, c'est l'amour. Il est en nous. Bien sûr qu'il est en nous et évidemment qu'il est vérité. Il y a deux mille ans cet être merveilleux nous l'a montré et a vécu cet amour, nous l'a fait ressentir. Voilà pourquoi il a dit : « Aimez-vous les uns les autres ». Il n'y a pas d'autre secret. Dieu est amour et nous sommes dans ce cœur, nous sommes dans

l'amour et nous devons en prendre conscience, c'est le but de l'humanité. Ça passe à travers les autres, à travers soi-même, à travers chaque action.
La musique va se transformer aussi, déjà elle change. Elle va changer davantage. Elle soulagera nos maux, nous aidera à la prise de conscience. La musique est importante, elle touche nos corps, notre être profond. C'est un peu comme si l'instrument était capable de reproduire un peu de la musique céleste et c'est pourquoi la musique touche, plaît. On dit qu'elle fait vibrer et c'est vrai que toutes ces notes que les différents instruments produisent, donnent une force ou nous mettent dans un certain état vibratoire. Ils nous permettent donc d'en prendre conscience.
J'ai déjà expliqué ici-même lors d'une conférence, qu'en fait nous sommes dans la musique des sphères. La musique des sphères c'est le chant de Dieu et nous sommes dans ce chant ! Or, on ne sait pas entendre. On ne sait pas entendre ! Pourtant on écoute, on fait des efforts, on n'écoute que la bêtise, alors bien sûr... Et puis on se plaint de ne pas voir les Maîtres, sait-on regarder ? Pas du tout ! Nous sommes voilés. Nous sommes ignorants, il n'y en a pas un pour relever l'autre. C'est

bien pourquoi il faut que nous agissions ensemble.
Et voyez-vous si nous sommes malades, si nous sommes préoccupés de nous-mêmes, c'est une façon très astucieuse dirions-nous, d'atteindre d'autres plans. Pendant que nous sommes préoccupés de nous-mêmes et que nous essayons de nous soigner, il se passe toute une magie, surtout à l'heure actuelle où l'on nous montre bien que tout a une correspondance : mal au foie ? C'est tel problème psychologique, ça a telle signification. Ainsi la maladie nous enseigne puisque maintenant on sait tout cela, on s'en préoccupe et on avance. Cela nous conduit vers quoi ? Vers des vérités que nous allons approcher et que nous allons vivre bientôt, dans les années qui viennent.
Nous allons vers Dieu. Nous allons prendre conscience de Sa force. Nous allons prendre conscience de notre vie avec un grand V. Les temps sont là et il est nécessaire que nous avancions vers cette compréhension. Nous élargissons le chemin pour nos enfants, pour nos petits-enfants, pour nous-mêmes puisque nous reviendrons. Nous sommes vraiment les pionniers de l'ère du Verseau, nous, mais aussi tous ceux qui s'intéressent à la spiritualité, qui assistent à d'autres confé-

rences, qui s'en préoccupent, qui s'interrogent. Tous les mystiques, les vrais, peuvent être considérés comme des pionniers. Ils sont en mission, vous êtes en mission. Et si je vous ai parlé précédemment de cette réunion des Maîtres avec celui qui va nous conduire pour l'ère à venir, c'est pour vous montrer qu'ils comptent sur nous et que nous devons les aider.

Chaque jour nous apporte l'occasion de faire quelque chose. Chaque instant nous enseigne, vous le savez bien. Ne vous contentez pas d'écouter ou de répéter ce que vous savez, osez agir. Et c'est vraiment ce qui nous est demandé : d'agir, d'avoir l'attitude juste. Si l'on se contente de répéter ce que l'on a entendu ou ce que l'on croit savoir, il est bien évident que l'on trouvera toujours quelqu'un pour s'opposer ou pour trouver un argument plus frappant qui démolira ce que nous croyons. L'être humain est faible. Et peut-être que cela nous arrangerait d'être contré et de ne pas savoir quoi répondre aux questions pertinentes. Mais si vraiment nous avons foi, nous allons vivre ce que nous affirmons et là l'exemple va parler. On vit une époque intéressante, tout le monde s'interroge. S'il y a vingt ans on pouvait montrer un mystique du doigt en

disant : « Mais regardez comment vit celui-là ! », en pensant que c'est un farfelu, un marginal ou un doux dingue, que sais-je encore, maintenant on est presque étonné que quelqu'un ne s'intéresse pas à la spiritualité. Vous rendez-vous compte comme tout est orgueil ? C'est identique pour l'homéopathie. Avant, le mot homéopathie était écrit dans le coin de la vitrine, en tout petit, on ne le voyait pas. C'était un handicap pour une pharmacie que de faire un peu d'homéopathie ; aujourd'hui allopathie est écrit tout petit et homéopathie clignote en grosses lettres. Alors, on avance malgré tout ! Et nous devons continuer d'avancer. Si vous osez vivre ce que vous êtes vraiment, et ce que vous croyez parce que vous avez la foi, vous rendez-vous compte du progrès ! Il faut vivre ce que vous ressentez et pas seulement ce que l'on vous dit ; d'ailleurs personne ne vous montrera plus du doigt. Plus maintenant, c'est fini. Vous pouvez faire l'effort d'être vrais, on ne vous traitera pas de fous. Et puis, même si cela était, il faut bien qu'il y ait quelques fous, après tout, ça rend service.
Il faut oser vivre ce que vous êtes vraiment et faire tomber les personnalités ou du moins savoir que votre personnalité vous rend service et vous aide dans la vie de

tous les jours. Il y a une différence. C'est une question de conscience et de discernement.
Et puis aussi parce qu'il nous est demandé de vivre ainsi. Ce n'est pas le voisin qui va faire l'effort, c'est nous tous. Nous devons ensemble faire les efforts nécessaires, nous devons servir les Maîtres, et servir nos frères et sœurs de cette manière, en osant être vrais. Ça commence déjà ainsi, le reste se fera progressivement. Cela est certain.

J'ai dit un jour que plusieurs Maîtres, de très grands Maîtres, avaient accepté de s'incarner de nouveau pour nous aider. Dans les années à venir ils vont se faire connaître par des actions extrêmement importantes et décisives pour l'humanité. Il faudra bien vous rappeler ce que je vous dis. Shambhalla aussi se fera connaître davantage. Il faut en parler de plus en plus et intelligemment. Il faut respecter la force de Shambhalla. Trop d'ouvrages racontent n'importe quoi. Ça apporte du rêve, de la magie. Il ne faut pas prendre tout à la lettre. Shambhalla est un centre énergétique extrêmement puissant. C'est là que convergent toutes les pensées, toutes les actions, les désirs des Maîtres pour l'humanité. C'est le tout. C'est le cœur. Nous sommes

dans le cœur divin. Shambhalla c'est ce cœur sacré.
Il n'y a que les êtres purs et s'étant accomplis qui peuvent prétendre être à Shambhalla – certains disent *visiter* Shambhalla ! Mais je puis vous affirmer que si vous savez méditer, si vous priez, avec foi, vous vous élèverez jusqu'à Shambhalla. C'est obligé.
À Shambhalla comme à l'école, il existe différentes classes. Il y a différentes forces qui correspondent à différentes évolutions, à différents plans et c'est pourquoi je parle de classes. De plus en plus des mouvements initiatiques, des ordres initiatiques véhiculent l'enseignement de Shambhalla, chacun de différentes façons car il le reçoit suivant sa note.
Ainsi, tel mouvement puise sa force et son enseignement à un certain degré de Shambhalla, ce que je peux appeler classe. Et un autre qui sera peut-être plus élevé sera rattaché à une autre classe, mais il n'empêche que c'est un tout. C'est une parcelle de ce tout qui est dispensée, cela fonctionne aussi si je puis dire avec l'évolution. Il est vrai qu'il y a des êtres qui préfèrent être francs-maçons, d'autres faire une recherche à travers l'Église catholique, la Rose-Croix, etc. Et toutes ces voies très

belles et puissantes peuvent s'appuyer sur une parcelle de Shambhalla.

Les temps sont là et Shambhalla va donc de différentes manières transmettre son enseignement, sa force. Cela était réservé auparavant aux initiés, mais tout bouge et se transforme et maintenant de plus en plus cet enseignement vient jusqu'à nous. Les Maîtres de la Hiérarchie existent bien et nous enseignent en chaque instant. Quelquefois on me demande, combien sont-ils ? Ils sont nombreux, nombreux, tous avec une action, une note, un rôle différents mais qui se complètent. Il y en a peu en fait qui se manifestent réellement. Mais la Hiérarchie existe bel et bien et elle a toute puissance sur terre. Notre terre est vraiment son terrain d'action.
Tout cela un jour nous sera démontré. Nous allons nous en rendre compte ; les Maîtres vont se manifester et une grande transformation s'opérera. Vous vous rendez bien compte que les temps sont là, que tout est différent ; vous-mêmes vous êtes déjà différents. Vous êtes bien obligés d'accepter de vous transformer, vous ne pouvez pas faire autrement, c'est inévitable.
Les années à venir nous montreront bien que tout cela est vrai. Et elles nous

conduiront à quelque chose de plus important encore. Ainsi, nous irons de vérité en vérité, jusqu'à la plus grande vérité. À l'heure actuelle nous passons un cap extrêmement décisif. Nous prenons conscience que nous sommes en Dieu tout en le cherchant bien loin, à travers différentes actions alors qu'Il est là, en l'autre, en nous, dans l'oiseau, dans l'herbe. En tout cas, tout est divin.

Dans les siècles passés, les années passées, pour aider l'humanité il fallait que des ordres initiatiques dispensent un enseignement long, difficile ; beaucoup d'appelés et peu d'élus... Il fallait une certaine intelligence, une éducation. Ce n'était réservé qu'à ceux qui avaient eu la chance d'être instruits, qui savaient lire et avaient une certaine ouverture d'esprit. À l'heure actuelle, ces organisations authentiques existent toujours et dispensent un enseignement profond, mais long ! Il a donc été décidé par les Maîtres de la Hiérarchie, que des mouvements authentiques, traditionnels prendraient place pour dispenser un enseignement du cœur à ceux qui étaient prêts, pour aller plus vite. Il s'agit là non pas d'un concours mais d'une aide pour les êtres prêts qui ne peuvent plus travailler ainsi année après année, degré après degré, car ils ont besoin de quelque chose de plus rapide, d'une prise de conscience au niveau du cœur pour trouver leur âme. Tout cela prend place. Tout se complète. Il y aura des luttes entre ces différents ordres, mais ils sont tous de qualité, ils ont tous leur place. Les êtres humains ont besoin de béquilles, mais certains désormais ont besoin de quelque chose de rapide qui les touche, parce qu'ils sont prêts. Cela prend place, c'est nécessaire, c'est un besoin. Ne vous étonnez pas alors des transformations rapides car il est important que nous devenions enfin des apôtres de l'ère du Verseau. Et vous savez bien ce qu'est un apôtre ! Quelqu'un de vrai, véhiculant l'amour, qui a le souci de l'autre, quelqu'un qui aime l'autre autant que Dieu, parce qu'il ne s'y trompe pas, il sait que l'autre a en lui le Divin. Et c'est cela qui doit prendre place. Et c'est cela que vous êtes invités à devenir. Un apôtre de l'ère du Verseau. Quelqu'un qui peut être autant que Jean l'évangéliste, il y a deux mille ans.

Nous sommes arrivés à ce moment important où nous nous trouvons tous, en quelque sorte, au même stade d'évolution que Jean manifestait il y a deux mille ans. Bien sûr ce n'est pas la même époque ne vous y trompez pas et les comportements

sont différents ! Nous avons conscience des différentes personnalités, mais dans le cœur et dans l'âme, il s'agit bien de la même force et de ce même état. Et c'est de lui dont il nous faut absolument prendre conscience. C'est pourquoi soudainement on se heurte à sa propre personnalité, on prend conscience que l'on a des problèmes, que l'on est dérangé par l'autre, que l'on dérange l'autre. C'est pourquoi l'on s'interroge, l'on a envie d'autre chose et on ne sait pas de quoi ! Et pourtant on sait qu'on a envie de vérité. Il n'en tient qu'à nous. Acceptons de faire tomber les masques, je dis bien « les » masques, parce que l'on en a bien un pour chaque moment.
En nous il y a la vérité. On la sent, il nous faut simplement peut-être un peu plus la structurer, apprendre à la véhiculer, mais c'est demain que cela va se faire. Chaque instant qui passe est un instant qui enseigne, qui peut voir notre transformation profonde. Nous allons vers cette vérité. Dieu est en nous et nous sommes en Lui. Et nous devons trouver le moyen de vivre cette unité. Nous y arriverons. Les astres vont nous y aider. Il y a des époques bien déterminées où les astres ont une action précise et aident l'humanité à passer un cap. Nous sommes à l'une de ces époques.

L'ère du Verseau vient... nous y sommes déjà. Nous sommes touchés par la transformation. Le problème pour nous, êtres humains, c'est que nous réagissons avec les tendances de l'ère des Poissons que nous ressentons encore, alors que nos aspirations appartiennent déjà à l'ère du Verseau. Il se créé un décalage, nous vivons tout cela en même temps. Il y a nos désirs et il y a nos freins. Et on ne sait plus.
Il faut prendre conscience de tout cela. Il faut méditer de plus en plus et prier. La méditation nous place en nous-mêmes, nous aide à prendre conscience. Et la prière nous permet de rayonner, nous oblige à avancer, nous élève. Alors il faut faire les deux !
L'ère du Verseau révélera aussi le sens de cette énigme que l'on verra se réaliser comme une vérité : le « Connais-toi toi-même ». Nous vivrons cela. Et il ne s'agit pas seulement d'apprendre à se connaître dans notre fonctionnement psychologique mais d'aller, grâce à la méditation et à la prière, au plus profond de nous-mêmes et de rejoindre les différents plans qui sont manifestés en nous. De prendre conscience de ce qu'il y a en nous, c'est-à-dire l'éternité. Car nous faisons partie de l'éternité, nous sommes l'éternité. Et ce que nous manifestons dans notre personnalité, dans notre

ego, n'est qu'une vaste comédie où chacun connaît bien son rôle, chacun joue sur la scène de la vie son petit rôle qui lui apporte tout de même beaucoup, puisqu'il le mène malgré tout à la révélation. Mais il faut bien commencer par abandonner tout cela, il faut bien accepter d'être vrai, de se connaître et de vivre réellement, avec une autre dimension, sans être encombré de ceci, de cela et surtout de questions inutiles. Avez-vous remarqué, si vous travaillez chaque jour sur vous-mêmes et si vous regardez autour de vous, qu'il arrive un moment où l'on comprend et où l'on n'a même plus besoin de se poser de questions ? Et ça c'est merveilleux.

Le silence est important. Il faut que nous apprenions à vivre le silence. Tout le monde bavarde, raconte n'importe quoi. Et pendant ce temps le message passe mais on ne l'entend pas, ou on ne le retient pas. Le message est continuellement véhiculé, il est là, en permanence, tout le temps. Il faut le saisir ; l'autre peut l'apporter. Et même s'il est mal habillé, même si c'est un clochard, il véhicule le message. Il faut savoir faire silence ; par le silence on regarde mieux parce que l'on est disponible, on a conscience de ce que l'on voit. Et on *entend* ce que l'on voit. Il y a toute une différence. Par le silence, c'est un peu comme si l'on sortait de la scène et que l'on regardait les acteurs jouer. On comprend alors leur jeu, on comprend leur rôle. Sinon, on y participe tellement qu'on est pris par tout ça et on ne voit pas bien, on ne comprend pas bien. On passe même à côté. Alors pour comprendre on a nos blocages... Dieu merci, c'est notre rôle à nous qui en réunit plusieurs.

L'incarnation est de toute façon un acte d'amour, une prière permanente et être incarné c'est déjà exprimer le Divin. Et ne pas aimer vivre, avoir des difficultés à vivre, s'interroger trop ou ne pas accepter ce qui se passe, c'est presque une injure envers Dieu.
Nous avons choisi notre incarnation, nos épreuves, nos erreurs, nos blocages. Alors il faut du courage, mesurer les efforts, identifier nos blocages, les dépasser et surtout s'apercevoir qu'il y a quelque chose de plus merveilleux et qui a un intérêt bien plus important, cette force d'amour.
Si vous arrivez à ressentir cela en vous, je peux vous garantir que vos blocages ne pèseront plus lourd ; vous verrez, comme par magie tout s'en ira ; parce que vous serez dans votre source et le reste n'aura pas d'importance ou tellement moins que vous le maîtriserez.

L'homme cherche le Divin à travers ses blocages, à travers ses difficultés, Moi je vous dis que vous êtes dans le divin et que vous le manifestez. Mais l'homme veut toujours brûler les étapes et comme on dit, il veut toujours mettre la charrue avant les bœufs.
Il est grand temps de prendre conscience que nous manifestons le divin chaque fois que nous bougeons, chaque fois que nous pensons. Et quand nous respirons. Ça c'est de la magie, c'est quelque chose de merveilleux quand on y pense ! Cette mécanique qu'est le corps, cette intelligence qu'on ne peut ni palper ni voir mais qui est là, dans une force totale ! Alors oui, certains ont la chance d'être instruits, d'autres pas. D'autres encore sont une véritable encyclopédie, d'autres enfin totalement ignorants. Mais qu'importe, dans chaque incarnation on est obligé de réapprendre. Tout bouge, il faut bien actualiser sa vie. Et l'essentiel n'est pas dans l'intellect ; bien sûr il faut comprendre ce que l'on vit, mais c'est l'intelligence du cœur qui est une force extraordinaire. Tout être peut vivre, à travers ses sentiments, s'il les vit vraiment avec force, une véritable valeur, c'est-à-dire s'il sait les vivre avec le côté divin et non pas égoïstement. Tout cela s'apprend. On peut dépasser tout cela, ça demande une

vigilance de tous les instants, mais nous pouvons le faire. Et si vous êtes ici ce soir c'est que vous pouvez le faire, sinon, vous assisteriez à une autre conférence. On ne vous aurait pas autant responsabilisés.

L'ère du Verseau va nous obliger à nous responsabiliser. Nous ne pourrons plus jouer la comédie mais nous passerons enfin à l'action, en étant vrais. Et c'est en cela que nous sommes vraiment des pionniers et c'est par nous que passera ce nouveau courant de pensée, c'est grâce à nos efforts, à nos actions, qu'il y aura une nouvelle philosophie, une psychologie nouvelle, des sentiments nouveaux, je dis bien, des sentiments nouveaux, que peut-être je devrais appeler des « états ». Plutôt que de vivre des sentiment, nous vivrons des états.
Tout cela est vraiment très important et c'est votre mission de permettre que tout cela prenne place. Chacun de vous a la possibilité de l'exprimer. Chacun de vous peut, même si elle est toute petite, ajouter sa pierre au grand édifice que l'humanité est en train d'élever à la gloire de Dieu.
Dans vos prières vous pouvez vous adresser à la Mère, vous pouvez vous adresser au Christ ou aux Maîtres, tout cela est juste et bien. Mais si vous vous adressez

directement au Père, en vous recommandant du Christ, votre prière sera exaucée. Il faut de plus en plus prier ainsi, parce qu'alors vous manifesterez directement Dieu.

Lorsque l'on parle du Père on sait que c'est bien, que c'est juste ; en méditation, quand vous êtes plongés en vous-mêmes, dans ce silence doré et que vous prononcez le nom de Dieu ou que vous le voyez s'inscrire, DIEU, alors il ne peut que vibrer de mille étoiles et rayonner d'une force extraordinaire qui vous apporte, vous soulage, vous emplit de certitude et vous aide à poursuivre ce chemin. Vous avez un mauvais moral et c'est bien humain, c'est normal, ça arrive ; si vous avez la force de réagir, méditez quelques instants et pensez à ce mot, faites-le vibrer, DIEU. Vous verrez tout cet aspect négatif s'en aller parce que vous allez vous mettre en résonance avec vous-mêmes. Vous vibrerez et ainsi prendrez conscience de ce que vous êtes.

L'enseignement de l'ère du Verseau sera fonction de notre compréhension et de notre évolution ; il ne nous sera pas donné plus que nous ne pouvons accepter ou comprendre. Mais comprenez bien le mécanisme, les Maîtres agissent, mettent en place certaines choses que nous allons désirer, que nous allons exprimer et que nous finirons par atteindre. Et c'est pour cela qu'il ne nous est jamais demandé plus. Il en est de même pour les difficultés ou les épreuves, nous les choisissons mais nous ne choisissons jamais plus que nous ne pouvons supporter, jamais ! En comprenant cela, on s'aperçoit bien alors que l'incarnation est un acte d'amour. Nous nous habillons de chair, de principes, de difficultés, d'un voile de bêtise, d'un soupçon d'ignorance et nous sommes prêts pour partir en lutte contre nous-mêmes, à l'attaque de je ne sais quel diable. L'être humain est drôle quand même, vous ne trouvez pas ? C'est fou, il se bat contre sa dualité. Qu'est-ce que l'on perd comme temps alors que la vie nous enseigne et qu'il n'y a pas plus grand gourou que la vie elle-même. Si l'on sait regarder et entendre, très vite on saura défaire les nœuds karmiques ou non karmiques, comprendre et accepter les difficultés. Il faut savoir vivre dans cette illusion et notre corps n'est qu'une illusion. Tout est vibrations et il nous faut savoir faire avec. Il ne faut pas ignorer l'illusion, elle nous rend bien service. Ce qui est grave, c'est d'en être esclave, d'y être soumis. Mais savoir l'utiliser, savoir la discerner c'est important. Le Père acceptant que nous nous incarnions, acceptant qu'époque après époque l'illusion soit de plus en plus forte, nous offre là un bel acte d'amour. Il nous laisse nous débrouiller dans l'illusion que nous avons pris soin de bien installer. Nous avons passé tellement d'incarnations à la consolider qu'il nous en faudra encore bien plus pour essayer de la dépasser. Eh bien ! Ça c'est l'être humain, toujours en dualité, toujours contrarié par lui-même.

L'étape que nous traversons est unique, vous pouvez être fiers d'être incarnés pour la vivre et d'être aussi un facteur déclenchant pour les autres. Il est important de savoir que chacun de nous a la possibilité d'offrir à l'autre en agissant de multiples façons par un mot, un geste, une action. Simplement en étant un exemple, ce qui est d'ailleurs beaucoup.
Nous devons vivre tout cela. Nous vivons – l'humanité vit – une époque de transmutation unique, de prise de conscience unique et ça passe par nous. Nous ne pouvons être que fiers. Pas trop ! Sinon bien sûr, vous savez bien, il y a l'orgueil... et toute sa suite. Mais il faut reconnaître que si nous agissons bien, c'est une saine fierté. Nous devons être préoccupés des autres, essayer de vivre en bonne intelli-

gence et surtout ne pas permettre que notre manière de vivre puisse leur faire tort. Essayer de vivre en parfaite intelligence avec les uns, avec les autres, dans l'action, dans les idées. Échanger les idées dans le dialogue. Il arrivera un temps, je vous le dis, où les musulmans parleront avec les catholiques, avec les juifs, etc. Ce serait merveilleux si l'on pouvait ainsi créer des groupes où toutes ces religions seraient représentées pour étudier ensemble les textes et honorer finalement le même Dieu. Cela arrivera, quand on vivra l'amour universel.

Les religions ne sont pas contraires, elles ne sont pas opposées, elle sont des courants, des chemins différents, des notes différentes. C'est l'homme qui s'oppose à l'autre. Et souvent il utilise la foi, la religion, pour mieux combattre son prochain.

Mais ce monde nouveau nous obligera à vivre dans la foi, en paix. Parce que nous aurons su trouver ce qu'il y a en nous. Parce qu'on aura bonne conscience en sachant le vivre. Car souvent si on est mal dans sa peau c'est qu'on n'a pas aussi bonne conscience que ça. On ne s'en aperçoit pas, mais on n'est pas à l'aise dans ce que l'on vit. Il y a un tel fossé entre ce que l'on ressent et ce que l'on manifeste et ce que l'on croit. C'est tellement difficile ! Alors

quand on aura déjà trouvé l'harmonie et la paix, quand on sera bien en soi, on sera bien avec l'autre.
Il est urgent de faire des efforts, en permanence, pour que tout cela arrive vite. On le souhaite et on prie même pour que ça arrive mais il faudrait toujours que ce soit sans effort... c'est toujours l'autre qui doit faire l'effort. Si on réfléchit bien, qu'est-ce que ça veut dire ? Si on attend trop de l'autre... c'est de la paresse, peut-être de la fainéantise ou de l'irresponsabilité.
Chacun de nous doit faire un pas en avant, doit aller à la rencontre de l'autre, pour manifester cette loi : « Quand deux ou trois, ou plus, et beaucoup plus, un jour ça arrivera, seront réunis en mon nom, je serai là, parmi eux, avec eux » – *en eux*, ajouterais-je.

Vous rendez-vous compte de ce que cela signifie ? Quand enfin on vivra ensemble en harmonie, quand on acceptera que l'autre soit différent. Quand on ne lui imposera pas notre différence, que l'on saura l'écouter, quand simplement notre rayonnement attirera d'autres gens, parce qu'on sera bien dans notre peau, parce qu'on sera bien dans notre vérité. Et ils seront attirés parce qu'ils vibreront de la même force que nous. Même s'ils utilisent d'autres mots, même s'ils sont d'une autre couleur. Seul le cœur d'un homme compte.

Dans un livre à paraître, je rappelle que l'on va souvent chercher bien loin ce que l'on a tout près. On se disperse ailleurs, alors que l'on n'entend même pas battre le cœur de celui qui est à côté de soi.
Et c'est vrai ! On doit entendre les battements du cœur de l'autre, celui qui est là, à côté. Parce qu'il est « message ». Parce qu'il n'est pas seulement mécanique, il est divin, il exprime le Divin. Tout a une importance, tout. Malheureusement nous faisons un choix : « C'est important, ça ne l'est pas ». Tout est important car tout est divin. Cela est une vérité qui doit être vécue, nous ne pouvons plus l'ignorer, l'autre est important.

Récemment j'ai passé deux jours à dire qu'il faut désormais appliquer cette loi : aime l'autre car il a en lui ce que tu as en toi. Apprends à le regarder, mais apprends déjà aussi à le voir . Le plus important est d'avoir conscience de l'autre. Nous sommes tous sur le même chemin avec des notes différentes peut-être. Mais il y a un chemin unique qui conduit à l'amour, qui conduit à la prise de conscience – rapide pour certains, plus lente pour d'autres. Pour d'autres encore, elle se fera dans une prochaine incarnation, mais on est tous ensemble. Alors il y a différents moyens : parlez avec les mystiques, ceux qui parlent votre langage. Mais avec ceux qui vivent une autre religion et qui ont un autre langage, alors vivez le regard. Dialoguez sur vos recherches, votre compréhension. Partagez, écoutez ce que l'autre a à vous dire.

Avec celui qui ne croit en rien soyez là, emplis du tout ; il l'ignore pour lui-même mais vous, vous savez. Alors il y a un travail plus subtil qui se fait. On est tous ensemble, sur le même bateau, en l'occurrence sur la même terre, pour la même évolution.

Paris, le 10 juillet 1990

Enseignement d'un Maître

Mes enfants très chers, écoutez très attentivement car nous avons décidé de vous donner un enseignement. Il est temps que votre cœur s'ouvre à la réalité et que votre âme s'offre au service.
Avez-vous conscience de ce qui se passe autour de vous ? Le monde est malade parce que les êtres ne s'aiment pas. Vous êtes sur un chemin, vous voulez vivre l'amour, vous voulez œuvrer pour Dieu, tendre la main à l'un, à l'autre... faites-le ! Il ne faut pas vous contenter de penser et de remettre à plus tard. Il est urgent, vraiment urgent que vous puissiez travailler en toute sincérité. Ouvrez votre cœur, regardez dedans. Dépassez vos sentiments, vivez ces états profonds, accomplissez ce qu'ils vous commandent. Osez !

Il y a la guerre partout, les êtres s'entretuent. Et vous ? Vous cherchez, bien sûr, à vous améliorer et vous vous posez des questions. Vous n'avez pas encore compris que l'essentiel est bien dans votre être et que vous pouvez tout. Osez simplement ! Vous passez décidément trop de temps à parler et pour ne rien dire. Et trop souvent vous allez chercher ici et là des conseils. Vous tournez en rond. Nous avons besoin de vous. Les temps sont graves. Vous ne voyez pas ? Vous ne comprenez pas ? Nous voulons travailler avec vous. Permettez que cela se fasse. Mes frères et moi avons besoin de vous et c'est pourquoi je m'adresse à vous maintenant.

Éveillez-vous, s'il vous plaît ! Osez vous élever. Osez prendre par la main l'autre. Osez le regarder. Agissez. Même qu'un peu, mais agissez, ayez cette volonté. Nous allons pouvoir nous appuyer dessus.
Si vous, mystiques, plein d'amour comme vous le prétendez, vous êtes sincères avec vous-mêmes, avec les autres, alors ce sera une aide précieuse. Et il est bien possible alors que les événements soient stoppés. Réagissez ! Mais réagissez ! Sinon, il est possible qu'un conflit mondial, comment dire... remette tout le monde au même niveau. Comprenez-vous ce que cela veut dire ?
Nous savons bien que vous êtes sur un chemin et vous le dites assez ! Ne vous

contentez pas de marcher sur le chemin, agissez, œuvrez, vous êtes en service. Il faut vraiment, croyez-le bien, que nous puissions compter sur vous.

Pensez à ces enfants qui meurent, pensez à ces êtres qui souffrent, pensez à tous ces crimes. Une partie de l'humanité devient folle et l'autre tombe en prière. C'est bien, mais cela vous a déjà été dit : la prière c'est aussi l'action. Chaque jour vous avez la possibilité de faire un petit quelque chose, chaque jour profitez de l'instant présent, n'allez pas voir plus loin. L'instant présent est riche d'enseignement, cela vous a été répété de nombreuses fois. L'instant vous enrichit, l'instant peut tout transformer. Ayez conscience de cela.
Il est nécessaire, vraiment nécessaire qu'en plus de vos prières il y ait l'action, la compréhension. Prenez conscience. Tant, tant d'êtres ne prient jamais, ne connaissent que violence, déséquilibre, ils n'ont pas conscience. Ayez conscience pour eux. Priez pour eux. Votre sourire est important, votre geste. Ne mettez pas des frontières, il y en a déjà beaucoup trop.

Écoutez cette vérité : « Tant que l'humain n'acceptera pas la loi de réincarnation, tant

qu'il ne réfléchira pas à tout cela, il commettra erreur sur erreur. »
Votre maman vous a quitté, elle est dans un monde meilleur, votre père vous a quitté, lui aussi pour aller sur une étoile, un enfant est mort, réfléchissez ! Il y a la loi de réincarnation. Et peut-être que votre maman que vous aimez, que cet enfant que vous aimez, c'est peut-être votre mère ou votre enfant que vous voyez à la télévision, mourant de faim, derrière des barreaux, maltraités. Pensez à cela ! Soyez lucides. Avez-vous pensé à ce jeune homme mal vêtu, si jeune et déjà voyou ? Avez-vous pensé que vous croisez peut-être le grand-père que vous avez aimé par-dessus tout ! Où est l'amour ? L'amour que vous vivez en vérité, c'est l'amour que vos yeux voient. Et votre cœur ? Et votre âme ? Regardez autour de vous, peut-être que dans cette misère et dans cette guerre il y a des êtres que vous aimez et qui souffrent et vous n'en avez pas conscience parce que vous êtes ignorants.
Réfléchissez à la loi de réincarnation.
Ce que je viens de vous dire peut être possible. Mais chacun devrait penser ainsi pour qu'enfin il y ait le respect, la tolérance et que l'amour alors soit vraiment immortel, éternel. Aviez-vous réfléchi à tout cela ?

Les temps sont là et vous osez attendre le retour du Christ en la personne de Maïtreya ! Que faites-vous pour mériter sa présence et sa bénédiction ? Il est là ! Il attend patiemment. Il est là, dans sa compassion, dans son amour. Il vous attend ! Cela veut dire qu'il faut que vous osiez avancer. Il faut que vous puissiez le reconnaître en l'autre. Il faut que votre cœur s'ouvre, que votre âme rayonne. Travaillez inlassablement. Que chaque instant dans votre vie soit l'occasion de réflexion, d'avancement, d'enrichissement spirituel. Apprenez à vivre ainsi.
Oui, vous vivez dans l'illusion et vous apprenez des choses, consciemment ou pas, peu importe. Il y a les difficultés et les épreuves et cela est juste et je dirais, bien.
Essayez au fur et à mesure de regarder cela en essayant de comprendre sur le plan spirituel et au niveau de vote âme, qu'est-ce que tout ça vous apporte ? L'enseignement est permanent. Bien sûr, vivez en famille, avec des amis, sortez, amusez-vous, cela est juste. Mais ne perdez jamais de vue que nous avons besoin de vous. N'oubliez jamais, jamais, que vous avez besoin des autres, car sans eux vous n'existez pas. vous avez besoin des uns, des autres. Il y a un temps pour tout, et chaque

fois que l'occasion vous est donnée saisissez-la, œuvrez.

Je sais, vous êtes fatigués ; une journée de travail, trop fatigués pour prier le soir, pour les uns, pour les autres. Tout juste une petite prière vite faite pour le bien-être de demain, que cela se passe mieux demain. Il faut comprendre : que la journée soit mieux « pour vous » demain. Et les autres ? Je puis vous assurer que vous ne seriez jamais fatigués de votre journée si vous acceptiez de la vivre d'une manière mystique, en en comprenant le sens spirituel. Je peux vous affirmer qu'immédiatement votre corps physique serait régénéré. Vous ne pensez pas à cela, vous qui savez tellement de choses.

Le cœur ! Le cœur ! Dans votre cœur tant de sentiments et des sentiments puissants dont la force ouvre toute porte. Vous hésitez à partager. Vous le faites mais peut-être par crainte. Vous y pensez la plupart du temps. Vous ne le faites pas, parce que vous jugez que l'autre finalement ne le mérite pas. De quel droit jugez-vous ? Qui êtes-vous ? Vous êtes ici pour œuvrer, pour avancer et votre incarnation vous sert à cela, ce n'est qu'un instrument. Bien sûr qu'il faut essayer d'avoir une vie meilleure, une bonne place, un meilleur salaire, bien sûr, cela est normal, cela est humain. La vie est difficile, eh bien, autant essayer de faire autrement ; mais cela est juste et ce n'est pas l'essentiel. Nous vous demandons de partager par le cœur, de ne pas ignorer l'autre. On ne vous demande pas de partager votre salaire avec l'autre, On vous dit de le regarder. On vous demande de le tolérer.

Vous êtes ici parce que vous n'avez pas su dans une autre incarnation, vous améliorer. Seulement cette fois vous avez la chance d'entendre des êtres qui vous disent : « Faites ceci, faites cela. Agissez, les temps sont là. » Et je dis vrai, oui, les temps sont là, bien là. Et les temps sont graves.
Sans vos réactions nous ne pouvons rien faire. Vous croyez trop facilement qu'un Maître, qu'une énergie, peu importe le nom que vous pouvez donner, qu'un Maître peut tout. Une prière, un claquement de doigts, la présence vibratoire et tout s'arrange comme par miracle. C'est trop simple. Et vous, que faites-vous ? Nous avons besoin de vous, car tout ce qui est en haut est comme ce qui est en bas. Et vous êtes en bas, vous, pour agir, pour qu'en haut tout soit plus beau, plus fort, pour que tout le monde soit heureux, pour

que l'amour existe en totale vérité. Sur tous les plans.
N'oubliez pas que lorsque vous êtes incarnés, dans l'action, votre âme vit ici mais aussi sur d'autres plans. La faiblesse de l'être c'est de ne pas chercher à la faire vivre suffisamment sur ce plan physique et de trop la laisser sur ces autres plans. Ce qui le rend irresponsable ici-bas, dans la matière, ce qui le rend déséquilibré et incapable de réagir à ceci, à cela. Vous disposez de tout voyons, tout vous est donné. N'enviez pas l'autre, travaillez simplement avec ce que vous avez, car ce que vous avez vous est bien sûr prêté, mais cela est mérité. Et si vous trouvez que vous n'avez pas assez de moyens, eh bien il fallait y réfléchir avant, dans une autre incarnation. Maintenant vous savez que cette incarnation-ci est une conséquence d'une autre, de beaucoup d'autres même, et qu'elle vous prépare à la suivante. Maintenant on vous le dit, vous ne pouvez plus ignorer, vous avez tout, tout pour agir, tous les outils, tous les instruments.
Ne soyez pas fainéants, s'il vous plaît, les temps sont là, graves. Et je puis vous affirmer que vous n'êtes pas sûrs de votre lendemain. Donc agissez maintenant, car ce qui est fait n'est plus à faire, cela vous a été dit de nombreuses fois. Bien sûr que cela

demande beaucoup d'efforts, beaucoup de volonté. vous arrivez à un moment décisif pour l'humanité, vous avez choisi d'être incarnés actuellement.
Oui c'est vrai tout est beau, tout change. Il y a la science, le progrès. Tout est magnifique, nous avons des moyens techniques impressionnants. Et bien sûr, il y a cette évolution mystique. Cela est juste. Mais justement, puisque vous affirmez être plus éveillés que certains, montrez-le alors. Agissez. Montrez l'exemple : votre attitude, un sourire, la main, accompagner quelqu'un, ne plus ignorer l'autre. D'abord vous vous sentiriez beaucoup mieux en agissant ainsi.
Vous voyez quelqu'un handicapé, pourquoi détournez-vous le regard ? Vous lui faites mal. Vous n'avez pas honte ? Souriez, aidez-le au besoin. Vous avez le pouvoir de transformer les vies.
Ce que je vous dis est extrêmement important. Votre avenir sera ce que vous allez en faire maintenant ! Que décidez-vous ? Voulez-vous vous laisser emporter ou bien allez-vous oser vous élever pour aimer ? Vous voulez que l'autre vous aime. Mais vous, est-ce que vous l'aimez ? Vous parlez trop au nom de l'amour, vous ne savez pas ce qu'est l'amour. L'amour est un état. Et trop souvent vous le vivez

comme une illusion et ça vous fait mal. Et vous faites mal aux autres.
L'amour est un état puissant qui transforme tout, qui oblige à la réflexion juste, qui conduit à l'intelligence profonde, qui permet à l'âme d'agir, de servir. Rayonnez cela. Vous savez bien que vous êtes ainsi. Mais alors, qu'est-ce qui vous arrive ? Votre mental, des blocages, une timidité ? Tout cela peut se corriger, doit se dépasser.
Vous ne pouvez plus vous permettre de fantaisies. Le monde se déchire parce que vous ne savez pas vivre l'amour. Je ne vous demande pas d'aller serrer contre votre cœur un enfant qui souffre, au Sahel ou ailleurs, non. Mais ces enfants, cet enfant que vous voyez, qui vous fait pleurer, dans sa souffrance, dans sa tristesse, peut-être que bientôt ou dans une autre incarnation il sera votre gosse, que vous allez chérir, aimer par-dessus tout.
Pensez à tout cela.

Je vous demande alors comme la Mère un jour l'a demandé dans une prière : adoptez psychiquement un enfant. Les journaux en parlent, beaucoup de revues montrent des photos. La télévision dénonce tout cela. Comme la Mère l'a demandé un jour, pensez à ces enfants. Parlez-leur, comme s'ils étaient là, près de vous. C'est cela que je veux dire, priez pour ces enfants, pour un enfant qui vous a touché, qui vous a plu, que votre cœur a peut-être reconnu. Prenez-le en affection. Toujours le même, car il va servir de symbole pour tous les autres et vous n'allez pas tous choisir le même. Faites cela. Ce n'est pas compliqué, mais si vous saviez le bien que vous allez faire à son âme ! Parce que, quand il mourra – parce qu'il mourra – il s'en ira avec fierté ; mais une fierté saine, noble. Parce qu'en fait, c'est tout ce qui lui restera. Mais cet enfant va se sentir soutenu et quelque part puisqu'il est démuni de tout, il va davantage ressentir et il saura alors qu'il est aimé.

Je suis d'accord avec vous, cela ne lui apporte pas une autre assiette de riz. Mais l'âme, vous nourrissez l'âme. Cela est important.

Prenez conscience, prenez conscience ! Vous qui étudiez tellement, prenez donc conscience que vos pensées lorsqu'elles sont positives élèvent, transforment, agissent. Nous sommes là et nous travaillons avec vous et chaque fois que nous voyons votre cœur s'illuminer, rayonner, nous sommes là mes frères et moi et nous amplifions cette lumière que nous redistribuons pour que le monde garde l'équilibre.

Vous devez sauver la planète et la race humaine.
Priez en agissant, priez en vous transformant. Devenez responsables. Nous allons vous aider, nous vous aimons, nous vous soutenons. Chaque fois que vous ferez un effort, nous le ferons avec vous. Nous devons agir ensemble. Nous ne voulons pas que vous ayez à vivre plus de souffrance.

Oh, cela peut vous paraître simple tout ce que je viens de dire, c'est d'une grande importance. Prenez conscience, faites ces petites choses. Nous vous en prions mes frères et moi. Sinon, si vous ne faites pas d'efforts, vous vivrez des moments difficiles. Ce n'est pas du tout une menace, certainement pas ! Ce moment difficile ce sera simplement que vous aurez tôt ou tard mauvais conscience. Et vous le savez bien, c'est difficile à supporter.
Non, vous êtes dans ce monde parce que vous vous êtes promis de l'aider à évoluer. Parce qu'avant de vous incarner vous avez choisi cette misère. Parce que vous avez affirmé que vous alliez vous en sortir ; mieux, entraîner les autres. Vous avez oublié tout cela. Bien sûr, bien sûr que souvent vous êtes motivés, cela vient tel

un sentiment, une force et puis, c'est aussi vite oublié.
Il faut que vous soyez responsables. Il faut que vous fassiez des efforts, je le répète, inlassablement, tout le temps. Soyez vigilants, remettez-vous en question, avancez !

Pensez à cette misère. Vous, les bienheureux, équilibrez le monde. Vivez, transformez, améliorez. Et malgré tout ce que je viens de dire, ayez de la joie dans le cœur, oui ! Car cette joie peut accomplir des miracles.
J'aimerais que vous puissiez travailler sur ce que je viens de dire, point par point. Vous venez de recevoir un enseignement extrêmement puissant et pourtant, à entendre comme ça, si banal. Bien sûr, quelques uns parmi vous disent : « Je sais tout ça ». Vous pourrez prétendre savoir tout cela quand vous aurez commencé à agir, quand il y aura des résultats. Tant de misère parce que tellement d'ignorance.
Il est temps que le mystique maintenant ait le cœur dans la tête. je veux dire qu'il n'ait plus, plus du tout, des phrases toutes faites, venant d'un livre ou d'une étude. Une phrase qu'on a entendue, qu'on trouve belle, qu'on garde, qu'on redonne à l'occasion. Tout ça ne vaut rien.

Il faut que vous agissiez, il faut rayonner d'amour. Ressentez cet amour en vous, il est là, là,* caché par un voile d'ignorance, ou par un voile de pudeur, ou de timidité, peu importe. Mais là, au plus profond de vous-mêmes, il suffit simplement que vous soyez vous-mêmes et que vous exprimiez vraiment ce que vous êtes. C'est cela transformer. C'est cela aimer.

Mes enfants, vous pouvez tout cela nous en sommes certains et c'est pourquoi je m'adresse à vous maintenant.
Bien sûr, j'élève la voix. Disons que je souligne les mots. Mais vous savez, alors que je me tiens là, avec vous, que je vois vos cœurs, que je lis dans vos âmes, je trouve tragique vraiment, de voir autant de beauté et que vous ignoriez tout cela et que vous n'agissiez pas ou si peu. Et quand je suis près de ces enfants dont je vous parlais tout à l'heure, quand je les vois si démunis, croyez-vous que je reste insensible ! Je les connais et je vous connais. Vous pouvez me faire confiance. Je sais que vous devez leur donner beaucoup. Donner par la pensée, par la prière, par l'amour. Et puis aussi quand je vais voir dans les hôpitaux tous ces

---

* Jean-Claude Genel montre la poitrine.

malades, toute cette souffrance, ces cris, tous ces êtres qui n'arrivent pas à quitter leur corps, tous ces êtres qui supplient et il n'y a personne pour les écouter ou simplement leur donner la main.
Quand je vois tout cela, je pense à vous sur le chemin.
Quand je vois des enfants qui viennent accompagner un papa, une maman, dans un hospice ou ailleurs, qui viennent abandonner ces êtres, je suis révolté et je pense à vous.
Ces personnes âgées, le visage défait, le regard triste, tout ce qu'elles vivent ! Ces enfants qu'elles ont aimés, qu'elles ont vus grandir. Être abandonné comme on peut abandonner un animal ! Je souffre pour vous.
Vous pouvez penser évidemment qu'un Maître n'a pas de sentiment, qu'il voit au-delà, qu'il sait pourquoi. Oui, je sais pourquoi, mais je le redis : un Maître n'est pas quelqu'un d'insensible.
Et mes frères et moi nous pensons à vous, sur le chemin, qui pouvez par de toutes petites choses, progressivement, tout transformer. Agissez chaque jour, petit à petit, une petite chose ici et là, mais une action vraie, par le cœur, pas du tout étudiée, une action juste. Toutes ces vibrations positives nous les utilisons et nous les redonnons en

bénédictions sur tous ces êtres. Croyez-nous. En travaillant vous œuvrez pour vous, pour les autres aussi, je viens de le dire.
Ce monde est parfois inhumain. L'humanité cherche encore sa conscience.
Nous vous supplions de travailler, de faire des efforts. Nous vous supplions de prendre conscience. Agissez ! Même lentement, mais agissez, cela est d'une extrême importance. Cela est capital. Nous ne pouvons rien sans vous.

Regardez ! Vous apprenez deux, trois choses, deux, trois vérités, immédiatement vous ouvrez un centre. Bien sûr pour aider l'autre. Soyez raisonnables, souvent par vos actions on a l'impression que vous voulez être plus grands que le Christ. Vraiment ! Vous en êtes là !
Travaillez sur vous. Sachez utiliser votre incarnation. L'incarnation est rythmée, sachez utiliser l'enseignement de l'instant. Chaque jour vous apporte quelque chose de nouveau. Voyez cela, ressentez-le. Travaillez sur vous-mêmes, osez vous élever, pour que les autres en profitent, pour que tout cela se termine.
Lorsque vous ouvrirez votre poste de télévision, lorsque vous entendrez l'histoire d'une grand-mère abandonnée qui a

préféré se tuer, pensez immédiatement ceci : « Qu'est-ce que j'ai fait ? ». Et quand la télévision encore montrera les images de ces enfants, lorsque vous aurez l'impression que leurs regards croisent le vôtre, interrogez-vous : « Qu'est-ce que j'ai fait ? »

Pensez positivement. La pensée est créatrice, elle est action. Faites cela consciencieusement. Priez, améliorez votre incarnation. Permettez à votre âme de s'exprimer. il est important que l'ego lâche prise et que la force d'amour rayonne et que la lumière de l'âme éclaire l'endroit où vous vous tiendrez.

Travaillez ainsi. Il est évident que rien ne va changer comme ça, d'un seul coup, là, à la fin de l'année ou dans cinq ou six mois. Non ! Mais chaque pensée positive, chaque prière, c'est une force qui équilibre le monde, touche l'âme. Et s'il plaît à Dieu, alors il y aura des miracles.

Vos faiblesses, votre suffisance parfois et l'ignorance qu'affichent certains derrière une intelligence factice, tout cela changera. Mais sachez aussi que tout cela nourrit la stupidité, la méchanceté. Et si cela va en progressant, alors le monde connaîtra davantage encore de dictateurs.

Prenez-vous conscience maintenant de votre importance ? Chacun de vous doit apprendre à devenir un canal pour nous. Ainsi, nous allons renforcer vos désirs justes et vos actions.

Mes enfants, mes enfants très chers, s'il vous plaît, acceptez simplement et avec humilité ce que je viens de dire. Vous pouvez tout changer et en faisant des efforts en permanence, en étant vigilants, vous vous transformerez vous-mêmes.
Parfois, quelques uns, ailleurs, même ici peu importe, pensent que si tout devient terrible, comme ils disent, si la terre saute, tant pis puisque l'âme est immortelle. Et oui, l'âme est immortelle, elle retournera vers Dieu, alors finalement... Est-ce que cela est aussi simple ? Bien sûr que non. Réveillez-vous et agissez, car je peux vous dire que non ce n'est pas aussi simple que cela. Ah certes, non !
Vous nous aimez et nous vous en remercions et nous savons que c'est juste. Allez plus loin dans cet amour. Vous nous aimez, vous avez confiance en nous et vous nous priez et nous sommes là. La plupart du temps vous êtes tellement dans votre prière que vous ne vous rendez même pas compte que nous sommes là. Alors si vous nous aimez, travaillez vraiment. Et je vais vous expliquer pourquoi.

Vous nous aimez, vous nous priez et la plupart du temps oui, vous nous suppliez. S'il vous arrive quelque chose nous sommes touchés. Aucun de nous n'a souhaité aller plus loin dans son évolution parce que nous vous aimons, parce que nous vous respectons. Nous avons tous voulu rester près de vous pour vous aimer. Et vous prétendez nous aimer ? Agissez alors ! Parce que tard, oh, tard dans le temps bien sûr, très loin, mais nous aurons le repos. Et puis, pour utiliser le langage humain, votre compréhension, je vous dirais que nous méritons ce repos. Chaque fois que vous refusez de comprendre ou d'avancer, de faire un pas, chaque fois que vous ignorez l'effort ou consciemment que vous ne voulez pas faire l'effort, sachez qu'alors vous ajoutez au désordre.

Ce soir, mes frères et moi nous avons souhaité mettre en place une nouvelle manière d'agir. À chaque conférence, eh bien j'essaierai d'être là, ou bien un de mes frères sera là et pendant quelques minutes ou plus longtemps, vous serez enseignés, guidés.*

Nous vous aimons. Nous espérons en vous. Et nous sommes certains que votre

---

* La série « Messages » regroupe la plupart des enseignements des Maîtres.

cœur a entendu le message. Alors plus loin dans le temps vous pourrez goûter à la liberté. Oui, à la liberté. Et vous n'aurez plus jamais honte d'aimer.

Je vais vous demander de nous aider maintenant. Vous allez pendant quatre fois, ensemble, chanter le OM et mes frères et moi nous allons accueillir cette force vibratoire et la donner de votre part au reste du monde. Donnez-vous la main, signe de fraternité, et par quatre fois chantez le OM.
Je ne reprendrai pas la parole car il me faut œuvrer sans tarder, avec mes frères, au fur et à mesure que la vibration jaillira de vous. Pensez que là c'est si peu de chose et pourtant l'humanité va en profiter ; Rendez-vous compte de cela ?

Mes enfants, simplement merci. Car ce que vous faites, vous le faites n'oubliez pas, au nom du Christ, notre frère ; qui a aimé plus que quiconque l'être humain et qui continue de l'aimer et de vous aimer et de croire en vous. Il est là.
Travaillez ensemble par quatre fois.

Les OM s'élèvent dans la salle.

Paris, le 12 octobre 1990

Table des Matières

L'auteur

JEAN-CLAUDE GENEL

les facettes d'un mystique contemporain

Jean-Claude GENEL se place dans la lignée de ces êtres qui ont su trouver, au-delà des traditions et des dogmes pétrifiés l'enseignement direct du Maître intérieur, ce dialogue infini avec l'âme, avec l'Intelligence divine. Lorsqu'il se met à l'écoute, il puise à la source éternelle et reformule pour notre époque la tradition de l'Occident mais aussi de l'Orient. Le Christ l'inspire pour que son enseignement deux fois millénaire coule encore à notre époque, élève les âmes et ouvre les cœurs à la compréhension et à l'attente d'une ère nouvelle.
Il fonde dès 1985 une école de réflexion et de recherche spirituelles axée sur les valeurs du cœur, sur la psychologie et l'ouverture mystique. Cette école – La Maison de Jean – transmet un "Art de vivre" et révèle une pédagogie du cœur qui relie les êtres aux valeurs de l'âme.

Ses ouvrages

DE CŒUR ET D'ÂME – collection de poche

volume 1 – Série messages Présence 94-95

Les manifestations «Présence» sont l'occasion pour les Maîtres de faire un bilan de l'année écoulée et de tracer ce que devrait être l'année qui commence. La trame divine apparaît au travers des événements et leur donne toute leur intelligence. Des expressions comme inconscient collectif, alchimie ou intelligence divine s'éclairent d'un sens nouveau.
Les Maîtres nous disent ce que nous pouvons attendre de 95, ce que nous pouvons faire particulièrement pour être en phase avec les événements, en saisir toutes les opportunités pour nous-mêmes et pour les autres. Les temps sont bouleversés certes et nous sommes souvent découragés. Les messages retranscrits ici peuvent nous aider à être conscients de notre incarnation et à accepter d'en être responsables.

Livre broché de 128 pages - Format : 11 cm x 16,5 cm
N° ISBN : 2-909735-04-4 Diffusion : Dauphin Diffusion - 46 F

volume 2 – Série conférences

De la responsabilité du mystique : Nous bénéficions de toutes les conditions et de tous les moyens pour vivre notre destin. Chacun de nous a une place précise qui ne peut être enviée. Soyons responsables et fidèles aux intentions de l'âme pour exprimer par l'attitude et le sentiment juste, un éveil intérieur conscient.

Vertus et résurrection : Plus on travaille sur soi et plus la force christique s'épanouit en nous. Plus on meurt à son ego et plus la force de l'âme existe et se manifeste. L'auteur trace le parcours des différents états de conscience (vertus) qui nous accompagnent dans l'initiation personnelle mais aussi collective.

Le but de l'incarnation : L'incarnation est un *espace* délimité par notre naissance et notre mort, que l'âme a choisi pour révéler sa vérité. Dès lors, pourquoi chercher à être un autre que soi-même et ignorer tous les outils qu'elle met à notre disposition?

Livre broché de 128 pages - Format : 11 cm x 16,5 cm
N° ISBN : 2–909735–05–2 Diffusion : Dauphin Diffusion - 46 F

volume 3 – Série entretiens

L'expérience d'écoute profonde de soi-même est un apprentissage qui nécessite une vigilance de tous les instants. Après la publication de son troisième ouvrage « À l'écoute des Maîtres », Jean-Claude GENEL nous fait ici partager son expérience d'écoute au quotidien, montre comment elle nous relie subtilement aux autres et s'explique sur le sens spirituel qu'il donne à cette expression.

Dans *Regard sur l'âme,* il explique comment il peut percevoir le jardin intérieur des êtres qu'il rencontre pour transmettre le message de leur âme, de leur propre source intérieure. Il décrit la nature du dialogue intelligent et permanent existant entre l'âme et l'ego, pourquoi ce dialogue devient monologue et comment cette perturbation entraîne troubles et maladies. L'auteur explique ici que le regard sur l'âme est une aide spirituelle précieuse que chacun aimerait savoir maîtriser pour traduire le message de son incarnation.

Livre broché de 128 pages - Format : 11 cm x 16,5 cm
N° ISBN : 2–909735–06–0 Diffusion : Dauphin Diffusion - 46 F

LE LIVRE DES PÈRES
la Tradition vivante

C'est un livre qui va au cœur pour se déverser dans l'âme. Il prépare l'être aux nouvelles vibrations de l'ère du Verseau.

Par les thèmes qu'il aborde, vous entrerez dans la compréhension des lois mystiques et ferez connaissance avec les principes divins qui régissent l'humanité (1ère et 2ème parties).

Jean-Claude GENEL présente une synthèse des outils efficaces conduisant l'être à la transformation intérieure, condition de l'avènement de l'ère du Verseau (3ème partie).

Des récits puisés dans la mémoire akashique projettent une lumière nouvelle sur des moments clés de l'histoire mystique de l'humanité. Ils constituent une lecture fascinante et totalement inédite comme par exemple celle de l'illumination du Bouddha (4ème et 5ème parties).

Livre relié et cousu de 279 pages - Format : 16,5 cm x 24 cm
N° ISBN : 2-909735-00-1 Diffusion : Dauphin Diffusion - 145 F

À L'ÉCOUTE DES MAÎTRES

Grâce à une vue d'ensemble de cinq années de conférences et de messages transmis et «illustrés» par Jean-Claude GENEL, cet ouvrage recèle une mine d'informations pratiques pour une conduite spirituelle de notre vie.

La présentation par thème nous sensibilise au désir profond des Maîtres de communiquer avec nous, pour :

- nous accompagner dans le bilan des étapes de notre vie,
- nous transmettre les mots-clés à méditer pour réintégrer la connaissance du cœur
- nous suggérer les nouveaux repères possibles d'une vie fondée sur les valeurs de l'âme.

Cet ouvrage est bien un témoignage authentique et passionnant au service de notre réflexion personnelle. Il stimule notre aptitude *à entendre ce qui vient de nous-mêmes lorsque nous sommes à l'écoute.*

Livre broché de 431 pages - Format : 13,5 cm x 21,5 cm
N° ISBN : 2-909735-01-X Diffusion : Dauphin Diffusion - 140 F

SHAMBHALLA
terre de louanges

Avec des mots simples, l'auteur décrit Shambhalla comme notre réalité psychique qui conditionne jusqu'à notre réintégration en Dieu. Il pose les questions essentielles qui nous permettent de saisir l'aspect spirituel de l'histoire humaine – de Moïse à Bouddha, de Jésus-le-Christ à Maïtreya. Il nous invite aussi à progresser à travers la trame divine de notre propre vie.
En ne révélant que quelques unes de ses expériences, Jean-Claude GENEL renonce au «merveilleux» pour privilégier la méditation sur notre condition divine en ce monde. Shambhalla fait partie de notre propre réalité mystique que nous sommes invités à manifester en ces temps troublés. Ce quatrième ouvrage de l'auteur en serait-il le mode d'emploi ? Les questions sont posées. Les réponses déjà pressenties. Shambhalla peut se dévoiler à notre entendement et nous aider à déchiffrer le message de l'incarnation pour libérer le chant de notre âme – les louanges à Dieu.

Livre broché de 198 pages - Format : 13,5 cm x 21,5 cm
N° ISBN : 2–909735–02–8 Diffusion : Dauphin Diffusion - 98 F

LA VOIE PARFAITE
le catharisme vivant

Pourquoi le cœur des Occitans bat-il plus vite au seul nom de Cathare ? Comment expliquer qu'en Occitanie, après tant de siècles, le catharisme reste encore présent à l'esprit ? Qu'y avait-il donc de si extraordinaire dans ce message pour qu'on en parle encore avec force et un amour passionné ?
Au-delà de la vérité historique, l'auteur propose une approche totalement nouvelle et originale de l'aventure spirituelle des Cathares qui dura plus de deux siècles. Par sa capacité à scruter la mémoire akashique, il nous fait découvrir la voie parfaite de l'intérieur. Il nous montre comment les Cathares ont inscrit leur action dans la continuité de la trame divine.

Livre broché de 200 pages - format 13,5 cm x 21,5 cm
N° ISBN 2–909735–03–6 Diffusion : Dauphin Diffusion - 98 F

Achevé d'imprimer par les Impressions Dumas
103, rue Paul-de-Vivie – 42100 Saint-Etienne
Dépôt légal : septembre 1995 – N° d'imprimeur : 32549